JN319832

貴女《あなた》を輝かせるキャリアデザイン

広岡守穂・木本喜美子・西山昭彦◎編著

中央大学出版部

はじめに

◎先輩を自分探しに役立ててほしい

これまで皆さんは人生でいろいろな人を見たと思いますが、そこから何を学ぶかが大事です。私がやってほしいのは「自分探し」です。皆さんが自分を探求して、自分とはいったい何だろうと考えていくのもいいと思いますが、これは一人で考えたら永遠にわかりません。比較対象を持ったときに初めてわかります。

今まで出会った人の中に印象に残っている人がいると思います。その人のどの部分に自分は印象を持ったかということを書き出して、それがなぜかと考えていきます。そうすることよって自分探しができます。自分はこういうタイプが好きだったんだ、こういう仕事のこういう場面がすごく好きなんだと知ることができます。それが、これから仕事を選ぶ上で自分の選択基準として役立ちます。人を自分のモデルとして活用する「社会的モデリング」です。人のいいとこどりをしてどんどん利用すればいいわけです。そして、それによって自分の人生を自分の望む方向に変えていくことができます。

◎本書のねらい

本書の背後には、我が国で女性管理職を増加させるという私のライフワーク的テーマがあります。企業や政治の場面で活躍するモデル的女性の生き方を紹介したく、私がコーディネーター役をしている一橋大学の如水会（一橋大学同窓会）寄附講座「男女共同参画時代のキャリアデザイン」授業での講義からの抜粋をさせていただきました。

それぞれの方の一言一言が、若い方の成長の糧になることでしょう。多様な先輩に学び、何かをつかみ、それを自分で実践することが早道だからです。自分の人生に役立つ人は加齢とともに異なる人になっていきます。今の皆さんが、「この人のここがいい」と思っても、一〇年後は違うのです。私もどんどん変わっています。だから、発展段階に応じて、そのとき感じた人やことをどんどん取り込んでしまえばいいのです。私を含めて先輩は利用するためにあります。

本書が皆様の目に触れることができたのは、まず、本書への収録を快く引き受け、何回も修正、校正いただいた女性キャリアの皆様の全面的なご協力のおかげです。また、中央大学教授の広岡守穂先生、一橋大学教授の木本喜美子先生のご尽力の賜物です。一橋大学の「男女共同参画時代のキャリアデザイン」授業の企画運営を献身的に手伝ってくれた東京ガス西山経営研究所の福嶋美佐子主任研究員が本書出版の段取りの多くを担ってくれました。関係した皆様と、発行元の中央大学出版部の皆様、編集を担当してくれた柴﨑郁子さんに心からお礼を申し上げたく、ここに記して感謝の意を表します。本当にありがとうございました。

本書が女子学生から社会人、新人から管理職まで、キャリアアップを目指すすべての女性の参考になれば、幸いです。

二〇一〇年七月

東京女学館大学国際教養学部教授　西山昭彦

目　次

はじめに……西山昭彦　i

第一章　女性管理職を増やすことの意義……西山昭彦　1

【第一節】女性差別の根源はここにある……2
キャリアに関する男女格差。見えざるガラスの天井はこうして生まれた　2／過去の統計結果の積み重ねが、差別を生む　2／社内的に群れをなすグループの絆が、差別を加速する　5／女性からの積極的なアプローチとネットワーキングで、道を拓く　7

【第二節】仕事ぶりを評価され、昇進するには……9
自分自身の勉強を怠らず上司との人間関係も良好に　9／事例か

ら見えてくる、「できる社員」の特質　10
【第三節】上司を使わずして成果は上がらない……15
上司の特性に合った対応をしてアウトプットを高めよう　15／上司のタイプを分析し、タイプ別に対処する　16／できない上司を逆手に取る　18／能力の高さと性格の良さによる分類　20
【第四節】女性管理職、ピンチからの脱出法……21
【第五節】二〇年目、キャリア最大の分岐点を乗り越える……28
ミドルエイジが企業で生き抜くために　28／前半期の二〇年間に、プロを目指せ　28／ミドルエイジのアウトプット戦略　31
第二章　私がキャリアの決断をしたとき……田内直子　35
【第一節】留学は神様が決めてくれた運命……36
はじめに　36／最後は運を天に任せた結果の「留学」　37／マイノリティー体験　39／就職に対する期待の変化　40／総合職と一般職　42

【第二節】今の仕事を懸命にできなかったら次のチャンスはない……45
面白くないときこそ努力をする　45／人生最大の決断　48
【第三節】適性、体力、根性、知力が必要な世界……52
MBA取得からコンサルタントへの転身　52／自ら考え、自ら動く　53／一に体力、二に体力、三、四も体力、五に考える力　55／外資系プロフェッショナルとして働くということ　56
【第四節】どんな状況に置かれてもできる何かを持っていること……58
人の縁　58／M&Aの仕事　59／管理職の役割　62／企業に勤めるということ　66／就職を考える視点　68／これから社会に出る皆さんへ　69

第三章　キャリアデザインに必要なことは……豊田優美子　71
【第一節】ポータブル・スキルを持つこと……72
知られていないIRという仕事　72／一歩会社を出ると女性差別が待っていた　74／突然訪れた転機　76／自分にしかないポータ

ブル・スキルを身につける　77／思ってもみなかった業種へ　79／女性は前に出て行くべき？　80
【第二節】どんな人が評価されるの？……83
女性差別は跳ね返せる　83／気配り上手が評価される　85／今の仕事を続けることの意味　87／大切にしている新聞記事を紹介　89
第四章　幸せな結婚もキャリアもほしい、欲張りな貴女に贈る私の奮闘記……山﨑こずえ　93
【第一節】起業に至るまでの道のり……94
「手に職」をつけるための留学　94／中国語以外に〝売り〟がない転職活動　97／常識に囚われすぎない　98／働き方は生き方そのもの　100／焦らずにチャンスを待つ　101／答えを見つけるための近道　104
【第二節】試行錯誤の会社経営……105

手探りの起業　105／いきなりトラブル　108／相手にされない日々　109／逆境をチャンスにつなげる　111／地道な活動が成果を結ぶ　112

【第三節】経営者に求められるもの……116
急性胃腸炎から、夫婦崩壊の危機　116／自分を知ると幸せになれる　118／経営者に大切なこと　121／経営者のいいところ、悪いところ　125／日本と中国、働く女性を取り巻く環境の違い　126

第五章　自己実現と男女共同参画……広岡立美・広岡守穂　129

【第一節】専業主婦から政治家へ……130
主張し続けることが大事　130／男性ばかりの視点では偏りが生じる　132／市民感覚のある政治家を育てたい　135／プロの政治家らしくなくていい　136／自分の感覚を大切にして伝える　138／一歩を踏み出してみると意外に簡単　140／人が二人集まれば政治が生まれる　142

【第二節】「男だから女だから」を問い直す …… 143
男と女の意識の違い　143／私ばかりが、なぜ、こんなことをするの？　146／肝炎で四〇日間入院した妻　148／我慢してきたフタを開いた妻　149／男性は子育てに誤解を持っている　151／自分育てを支え合う　154／娘の生き方だけは守ってほしい　156／ダウン症の孫を持って　158／社会システムを作っていく人を尊敬すべき　160

第六章　キャリア人生の理想と現実 …… 丸川珠代　165

【第一節】アナウンサー、丸川珠代 …… 166
アナウンサーは自分自身が商品　166／「私って一緒に働いてみたいと思うような人だろうか」　167／テレビ番組の作られ方　170／永遠にシューカツ　172／それぞれのキャリア　174／ビートたけしに「芸人になんないかい？」と言われたことも　177／アナウンサーから芸人になった青木さやか　179／「朝生！」を任されるま

で　180／ニューヨーク特派員　184／採用するということ　185

【第二節】政治家、丸川珠代……187

政治家は、傷ついたのに誰も手当てをしてくれない人を助けるのが仕事　187／権力を取るということ　190／私のキャリアデザイン　193

おわりに……木本喜美子　197

第一章

女性管理職を増やすことの意義

西山昭彦

東京女学館大学国際教養学部教授、東京ガス株式会社西山経営研究所長

東京女学館大学国際教養学部教授、東京ガス株式会社西山経営研究所長。横浜市経営諮問委員。一橋大学社会学部卒業。東京ガス株式会社入社。ロンドン大学大学院留学。ハーバード大学大学院留学、修士課程修了。法政大学大学院博士課程修了、経営学博士。東京ガス都市生活研究所長等を経て現職。企業経営、組織と社員、人事制度、人材開発、キャリアデザイン、マーケティング、勉強法などを中心に経営学全般を研究し、講演、執筆、出版活動を行っている。

第一節　女性差別の根源はここにある

◎キャリアに関する男女格差。見えざるガラスの天井はこうして生まれた

キャリアアップの階段の途中には、見えない壁があります。男性は通れても、女性は阻まれてしまいます。管理職になるとき、そして上級管理職になるとき、「グラスシーリング（ガラスの天井）」が存在します。

◎過去の統計結果の積み重ねが、差別を生む

組織では、女性が差別される原因は、主に「統計的差別の理論」によって説明されます。女性の働く能力や意欲が男性に比べて劣っていなくても、企業が経済合理性を求めて行動すれば、結果として男女差別が生じるという理論です。かつてこれは、一九六〇年代の米国社会の黒人差別を説明する理論でした。

私の大学院時代の恩師である小池和男氏（法政大学元教授）は、高著『仕事の経済学』の中で、こう述べています。

平均して女性は男性より勤続が短い。女性の中にも長くつとめる人がもちろんいるが、それを事前に見分けるのはむずかしく、コストがかかる。必要とされる熟練がたかく、その形成に企業内での中長期ＯＪＴ（オン・ザ・ジョブ・トレーニング）を要する。そして、現実は男性のほうが定着的だから、中長期のＯＪＴコースに男性をつける。当然男女間に技能差、したがって賃金差が生じる。企業が合理的に効率をもとめて行動するかぎりそうなる。そうしないと競争に生き残れない。

つまり、何か侮蔑的な意図があって差別しているわけではなく、会社のためを思って経済合理的に行動した結果、男女の差別的な状況が生じるということです。だからこの問題は、一部の人が言うように、男性上司の精神論では解決できません。

同じことは、学歴差別にも言えます。採用担当が頼るのは過去のデータです。どの大学の出身者が貢献しているかを分析して採用することが必要です。それには（貢献した人が出世すると考えて）役員の出身大学の人を多く採用すればいいと考えます。例えば、ある企業で、二〇人いる役員を出身大学別に分類し、その比率を算出したと仮定しましょう。それが、例えば図1-1のような結果になった場合、採用担当者は東大、慶應、早稲田の各大学出身者を優先的に採

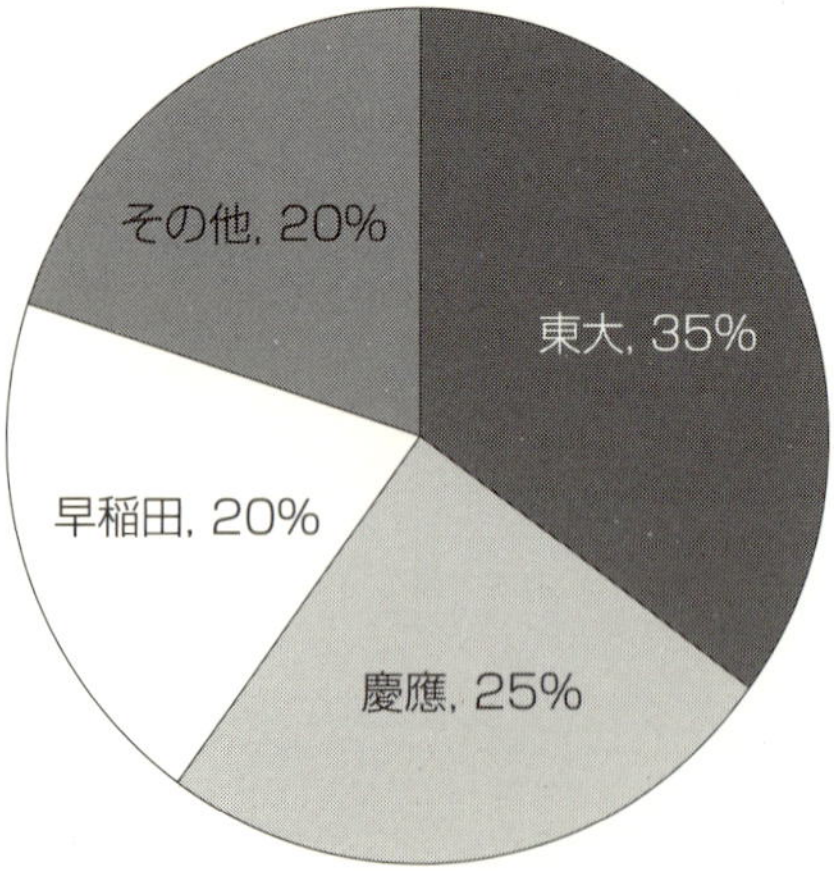

図１−１：Ａ社役員の出身大学　比率

用することが、会社にとっては利益になると考えます。その他の大学が嫌いだとか劣っているという気持ちはなくても、結果的に差別が生まれます。

こうした差別は、要所要所で顔をのぞかせます。

各社の部課長に、こんな質問を投げかけてみました。「ともに三〇歳の男女の部下がいたとして、海外駐在の案件がきたとき、どちらを選びますか」。かなりの割合で「男性」と答えた人が多いのです。選ぶ側の上司も、経済合理的に決めざるを得ないので、これまでの海外への実績を見て判断します。また、平均勤続年数を見ると、男性のほうが女性よりもより長く会社にいます。上位ポストに進んでいる比率が高いです。ということは、男性のほうがより貢献してくれる可能性が高いと考え、そのアナロジーでこの二人を判定して、男性優先になってしまうのです。

◎社内的に群れをなすグループの絆が、差別を加速する

現実には、さらに差別を加速する要因があります。会社はさまざまな人の集団で形成されており、パワーポリティクスの場です。複雑に絡み合ったいろいろなグループが毎日覇権争いをしていると考えられます。

一番強いポリティカルグループは、同じ時期に同じ職場にいて、お互いを認め合った人たちのグループです。身近で仕事ぶりを見てきたことで実力がわかり、最も信頼できる仲です。上司もできる人材を集めて成果を拡大したいので、行く先々で人材の発掘と関係のメンテナンスに力を入れています。人事異動後もＯＢ会などを通じて交流を持ち、機会があれば、上司は再びその部下を自分の部署に呼び寄せて、さらに絆を強めていきます。後継社長を発表する記者会見を見ていますと、かつての部下を後任に指名するケースが多いです。経歴をたどれば、過去何回も上司、部下の関係だった場合もあり、この絆の強さがわかります。

そのほかに、出身校のグループがあります。ネットワークが最も強いと言われるのが、慶應義塾大学の卒業生グループです。同校出身のメーカー部長が、「この大学の出身でどれだけ得したかわかりません。同窓だとわかると、取引先でも優遇されました」としみじみ語っていました。それに比べると、東京大学や早稲田大学はやや弱いように見えます。とはいえ多くの企

業では、それぞれ出身大学別のグループを会社内に非公式に作って、飲み会をしたりして関係を強めている現実があります。

地方に本社がある某大企業では、出身高校別に同窓会を作っています。その高校の序列によって「パワーが左右される」と社員が語っていました。「なぜ大学別ではいけないのか」と問うと、「地方都市なので国立大学が一つしかない。多くがその大学出身なので、集まったところでグループにならない。だから遡って出身高校に分かれてグループになる」ということでした。

そのほかにも、県人会を設けて活動しているケースも相当数あります。

人というのは、自分と同じ属性の人が好きです。初対面でも、同郷であることがわかったり共通の友人がいたりすると、一気に打ち解けます。私の解釈はこうです。原始時代から人は味方か敵かを瞬時に判断して、同盟を結ぶか闘争をするかを決めてきました。そうしないと、生きていけなかったからです。その遺伝子が生きており、人は同盟を結びやすい同種のグループを好むと考えています。

女性差別の一因は、このグループ構造にもあります。最大規模のグループである「男」と「女」が、互いにシェア争いをしていると考えてみます。男性という族が自分たちのシェアを削って女性という族にポストを譲ることに抵抗するので、自然の流れに任せているだけでは、なかなか改善されません。

しかし個々の女性の立場から言えば、今の自分と過去のデータとは関係ありません。上司や人事部に、「過去の男女別の実勢や平均から見るのではなく、今ここにいる人を個として評価し、他の個と比較してほしい」と要求し、その姿勢を持ち続けることが大事です。

◎女性からの積極的なアプローチとネットワーキングで、道を拓く

そのためにも、長期的に働く意思があることや、「より難易度の高い仕事へ挑戦したい」、「海外・地方への転勤をさせてほしい」など、個としてのスタンスを上司や人事部に積極的にアピールし、理解してもらう作業は必須です。例えば某サービス企業の女性社員Aさんは、面接で管理職への希望を熱意をもって述べたことで、それにつながる仕事と役割を与えられるチャンスをつかみ、翌年には課長に昇進、数年後には部長になりました。「あのとき、思い切って自分の希望を言ったことが、転機になった」といいます。商社に勤務するBさんは、異動希望として「海外勤務」を挙げたことで欧州勤務を経験。その後は国際畑の管理職として仕事をしています。

また、女性は少数だからこそ、なおさら社内外のネットワーキングを強め、「男性族」に対抗していくことが求められます。

すでに一部の企業では、会社による女性支援が行われています。日本ＩＢＭや伊藤忠商事のように、女性管理職支援としてメンター（助言者）によるサポート制度を導入している企業もあります。また、年次を超えて女性管理職が集まる機会を設け、新任のソフトランディングと相互の連携を図っている企業もあります。

会社が付加的なサポートを行ってくれない場合でも、数人が発起人となって組織の設立をしかけていくことはできます。自主的に「女性管理職の会」を立ち上げ、その会の開催時に社長と人事担当役員を招待したという例もあります。自分たちのネットワークを作ると同時に会の存在を社内にオーソライズさせるという、二つの意味を持つ好例です。

現在、女性には社会的に追い風が吹いています。女性の採用増、女性管理職の比率目標も方々で実現されてきています。これを推進すれば、逆差別が起こる懸念はあります。男性で適任者がいても、女性を優先することもあり得るからです。しかし、それを恐れていたら何もできません。とにかく、いったんそのレベルを達成させることです。そのあと自由競争にしていけば、適正配分がなされます。何もせず自然の状態で適正配分がなされる時期を待っていたら、いったいいつになるのかわかりません。

先に述べた通り、従来からの根強い「差別の構造」があるので、これを変えるのは容易ではなく、あらゆる手段を動員する必要があります。政府や行政の雇用機会均等法などの強化による支援、会社の経営トップの明確な方針、さらに人事制度の支援策や、それを運用する部課長のマインド改革、そして、女性自身による取り組み。これらの動きが多面的に相まって初めて成果が拡大します。

第二節　仕事ぶりを評価され、昇進するには

◎自分自身の勉強を怠らず上司との人間関係も良好に

「企画提案」、「問題解決」、「専門能力」、「人間力」。私はこの四つを、ビジネスパーソンに必要な能力と考えています。これらすべての能力に秀でていれば、管理職として適任でしょうが、人はそれぞれ強みと弱みを持ちます。実際には、仕事の経験や上司の評価などを通じて、自分の強みとなる能力を伸ばし、弱みを克服します。その繰り返しが〝ビジネス人生〟です。

その際、男性と女性とでは多少事情が異なることがあります。男性には社内のあらゆるランクに先輩がいるため、「このような人になりたい」、「この人のようにはなりたくない」という社会的なモデリングがしやすいのです。その先輩と一緒に仕事をするだけでなく、仕事帰りに

飲んで話して、時には怒られて……といった社内外の付き合いを通じて、さまざまなことを自動的に学べるようになっています。「あの件は、トップが先方の役員に頼んで成約したんだ」、「あの部長はできる人だけれど、酒癖が悪くて」……そんな飲み会の席での話を耳にするうち、過去や社内の情報にも通じてきます。

しかし、女性社員が少ない会社では、女性は残念ながら同性の先輩モデルを見つけにくいでしょう。男性の上司と飲みに行く機会も相対的に少ないので、そのぶんインプットを得る機会をのがしていることになります。

こうした機会ロスは、他でカバーするしかありません。例えば、男性同士の飲み会になかなか参加できない女性は、重要なニュースを聞き逃しがちです。こんなときはどうすればいいか。飲み会に参加する機会の多い男性社員を〝仲間〟にすれば、彼から飲み会でやり取りされた情報をもらうことができます。一方、インプットを増やすには、社内の情報だけでなく社外の有用な情報も必要です。ビジネス書や女性リーダーのための情報サイトから、効率よくエッセンスを学んでいくといいでしょう。

◎事例から見えてくる、「できる社員」の特質

私は毎年ビジネス誌で、新社長の総合評価や若手役員の実態調査を行っていますが、この結

果から学べることは多いです。「できる人」はなぜ選ばれ、どういう特徴を持っているのでしょう。一例として、上場企業約百社の五〇歳未満の若手役員を対象に行った実態調査を紹介しましょう。

同一年次入社社員の間で、初めて昇進に大きな差が生じた時期の平均は、入社後八・五年目です。その際、昇進が遅れた人は四八％で、一回目の選別で、昇進者は対象者の半分に絞られています。しかし、必ずしも若いときからトップを走る人ばかりではなく、課長になるときに出遅れても、後半戦の業績でリカバーしている人もいます。

調査対象である若手役員が社内で最も長く経験した職能分野、いわゆる「出身畑」は、販売・営業が三一・三％と抜きんでて多いです。次が経営企画で九・四％。その後に、営業企画、製品開発、研究開発と続きます。そもそも企業では営業に従事している社員が多く、しかも実績を見せやすいため、昇進率トップの数値につながったと見られます。

役員昇進の道としてよく語られるサクセスストーリーは、次の通りです。若いときに責任ある仕事を与えられ、スキルが伸びる。いい上司に恵まれ、将来のモデルもできる。同期とのライバル意識を持ち、海外勤務や出向も経験するうち、徐々に自信が出てくる。将来の戦略的ビジョンを持ち、社内調整や情報入手も怠らず、業績を見せやすい部長に昇進し、その結果若くして役員に抜擢。でも、「あの人がなるのは当然だ」、「やっぱり適任だね」という評価が伴う。

この評価、評判こそ社内市場における人材の評価で、それが上からの評価と一致するとき、社内世論も「納得感」を持ちます。

次に、昇進した理由を自己分析してもらいました。これによると、最も多かったのが「自分の業績が評価された」五三・六%。次いで「会社の経営戦略による」三六・一%、「運が良かった」三五・一%、「早期選抜された」二九・九%、「分野内で自分が最も適任である」二五・八%となりました。「部下からの信頼」、「オーナーとの縁戚」といった理由は低い結果にとどまっています。自身の業績やスキルが高く、それが会社の求める戦略に合致した結果、若手役員の誕生につながっていることがわかります。

それでは、従業員の能力評価の実情を見てみましょう。どのような社員が有能と評価されやすいのかについても、聞いてみました。その結果をまとめたものが、表1-1です。

注目してほしいのは、表に示した評価ポイントの中には、人事考課ではなく「避けるべき」と指摘されていることが含まれている点です。例えば、最も数字の高い「上司自身の査定に影響する目標の突破に貢献すると、評価されやすい」についてです。「その部署への貢献」と考えれば妥当ですが、「上司個人に貢献したために評価された」となると、話は違ってきます。もし、上司個人への貢献が高評価につながるとすれば、結局評価というのは人事考課者の個人的な意向が強いということになります。さらに、二番目に数字の高い「過去の実績がいいと、

表1－1：従業員の能力評価の実状

上司自身の査定に影響する目標の突破に貢献すると評価される	59.8%
過去の成績がよくつけられてきた者は、新しい職場でも評価されやすい	53.6%
性格が明るいと評価されやすい	49.5%
職場で上司と顔をよくつきあわせている者が評価されやすい	36.1%
自己啓発でなにか勉強している社員は評価されやすい	26.8%

新しい職場でも評価されやすい」にも注目してください。

本来なら査定は「過去に影響されず、現状で評価する」のが原則です。評価が過去の実績に左右されたらリターンマッチも難しくなり、組織の活性化ができにくくなります。

しかし、実際は過去の仕事ぶりが評価に影響していることがわかります。また、性格は査定項目の一つに過ぎず、「それを全体の評価に影響させてはならない（ハロー効果への注意）」とされているのに、表を見ると「性格が明るいと評価されやすい」との結果が出ています。

つまり、人事評価の実状を見ると、決して客観的とは言えない要素が垣間見られます。一つには、上司との個人的人間関係が反映されているのです。この人間関係は、同性の上司とのほうが作りやすいでしょう。

こうした実態を踏まえ、女性に不利な状況を打破し、仕事での信頼関係の確立を図るため、自分から〝仕掛けていく〟ことを勧めたいのです。勤務時間内でいいので、上司

表1－2：自分個人としてすべきこと

ふだんから勉強する	87.6%
自分の意見を恐れずに言う	72.7%
自己申告で意見を言う	59.8%
人間関係、交渉能力を勉強する	58.8%
上司の期待を察知し、実行する	53.6%
改善提案に応募する	51.5%
キャリアを設計する	48.5%
転職に備えて実力を磨く	42.3%

と面談して自らのＰＲポイントを明確にし、自分の仕事への思いを伝えるなど、積極的な行動が鍵となります。

若手役員は、社員が昇進するには「本人のアイディア・企画力」、「周りがついてくる人望」、「折衝・交渉力」、「社内へのプレゼン力」の四つのスキルの強化が重要だと訴えています。人望、折衝、交渉力は、いずれもヒューマンスキルです。せっかくいい企画を作っても、人を動かせなければ成果は出ません。この〝人間関係力〟をもっと強めてほしいというのがメッセージです。

連絡するときも、メールでの事務的な手段で済ませず、自ら足を運んで接触回数を増やしましょう。異なる人と触れることで、自分のコミュニケーションスタイルを磨いていきたいものです。

次に、「自分個人としてすべきこと」として挙げられた項目は、表1－2の通りです。この表から、キャリアをねらうために重要な四つのキーワードが浮かんできます。

①自己開発（ふだんから勉強し、自分の意見を恐れずに言う）
②制度活用（自己申告や公募などを積極的に利用する）
③対人パワー（人間関係を深め、交渉能力を磨く）
④キャリアプランニング（自分のキャリアを設計していく）

先にも指摘した通り、自己開発は必須です。さらに、自分の意見を言うことです。オリジナルな意見を論理的に言えることは、周囲の評価も高めます。さらに、積極的に会社の制度を利用しましょう。昨今は、女性活用推進ということで女性社員をプロジェクトチームの一員に入れるべきという流れが生まれ、プロジェクトや異動などの機会も多くなってきています。こうした機会をうまく利用したいものです。

第三節　上司を使わずして成果は上がらない

◎上司の特性に合った対応をしてアウトプットを高めよう

女性が描くリーダー像と、男性が九割以上を占める経営幹部が望むリーダー像には、少なからず差異があります。女性が語る女性リーダー像は、同じ立場の意見として重要ですが、現状では男性上司の見る女性リーダー像も看過できないはずです。ここでは男性視点というスタンスに立ち、成功するビジネスパーソンの法則を述べていきたいと思います。

女性リーダーを見ていて感じるのは、自分だけで仕事をやろうとする人が多いことです。部下をうまく動かすことに慣れていないのは、リーダーになって日が浅いからかもしれませんが、〝上司も使っていない〟。成功しているビジネスパーソンは、皆上司をうまく使っています。では、どうすればいいのか。上司を使うには、まずそのタイプを観察し、操縦法を間違わないことです。

◎上司のタイプを分析し、タイプ別に対処する

「すべからく上司は、仕事ができる上に頭も人柄も良く、バランスが取れていて、的確なアウトプットができ、上からも下からも好かれる」というのが理想ですが、そんなことは少ないです。現実に出世している人を見ると、必ずしも周りから支持されている人ばかりとは限りません。自己主張が強く強欲だけれども成果を上げている人はたくさんいます。過剰な権力志向があり、社内政治に長《た》け、許される範囲で最大の私的利害を追求する人も相当います。これらの上司をパターン別に分類すると、次の四タイプに分かれます。

① 自己顕示欲タイプ▽権力志向に強く、権限を存分に発揮したい人
② 年収志向タイプ▽とにかく上に行けば年収は増えるから、出世したい人
③ 内容重視タイプ▽より良い仕事をして自己実現や組織への貢献をしたい人
④ 上司不適合タイプ▽本来適性はないが、間違えて上司になってしまった人

いい仕事は、一人ではできません。あなたがいい仕事をしようと思ったら、人々の賛同を得て一緒に動いてもらわなくてはなりません。ということで、どのタイプの上司でも、できるだけ味方に引き込むことが重要になります。それぞれのタイプ別に、対処法を見ていきましょう。

第一の「自己顕示欲タイプ」は、味方にすればやりやすいのですが、敵に回したら大変なことになります。そこで、とにかく頭を下げて支持者にするか、最悪でも中立の立場まで持っていきましょう。こういう上司を無視して何か新しいことをしようとすると、抵抗勢力になりやすいものです。この抵抗を無力化するために、ここ一番の案件では、懐に飛び込んで協力をあおぐといいでしょう。

二番目の「年収志向タイプ」は、その仕事で自分が得をするとか、または割を食わないか、ということがわかれば、敵にはなりません。何かを頼んだり企画を通したりするときは、その人にどうメリットになるかとか、責任はないという点を訴えて説得しましょう。

三番目の「内容重視タイプ」の人に企画を提案するときは、「今、会社の成果を上げるため

には、これをやるべきだと思います」と腹を割って相談します。マーケット、顧客のためにという点から立案し、内部組織との軋轢《あつれき》を上司とともに突き崩していきたい、という姿勢を見せることが必要です。

以上三つのタイプは、仕事ができるし理解力もあります。方向性を誤らなければ、話は早い。問題は四番目の「上司不適合タイプ」です。

◎できない上司を逆手に取る

上司に能力がないと嘆く前に、これは実は部下にとって絶好のポジションである、と考え直しましょう。能力ある上司なら、自分で何でも立案し、あなたは決められたことだけをやるポジションになってしまいます。しかし、できない上司は部下に頼るしかないので、あなたは自分の意見を上申できます。上司はそのアイディアにすがりつき、方針はあなたが作ることになります。最終的には、あなたが上司のマネジメントをして、自分のやりたい方向に持っていけるのです。「できない上司の下に就いた」という環境を逆手にとって、自分のために活用していくべきです。

上司の年齢を考えれば「四五歳は知的分水嶺」とも言われ、自分で発案するのは限界、という年齢になってきます。一方で、発案が良くても、部下だけでは情報不足や力量不足で、社内

でオーソライズできません。発案の内容をリファインし、社内で交渉して実現させるという役割が必要です。この役割は、これまでのキャリアと仕事の過程で築かれた信頼関係によって可能になるので、その点を上司に求めればいいでしょう。

「上司が理解できないので、説明が大変だ」、「言っても動いてもらえない」など、不満の声もあるでしょう。しかし、あなたがいつも不満を持っていれば、いい関係が築けるわけもなく、当然うまくいきません。逆に「上司は自分よりできないんだ」と客観的、冷静に対処すれば環境はまったく変わってきます。説明しても理解できない相手なら、その分野に精通していない人への説明の訓練だと思ってはどうでしょう。性格が悪い上司なら、そういう人の不満や苦情を解決する交渉術を学ぶと思えば、自分を鍛える場になります。

ところで、できない上司には、実は二通りあります。仕事そのものができない、つまり基礎能力が低い場合と、もう一つは感情や性格がゆがんでいる場合です。図1-2は、上司を能力と性格（パーソナリティ）で分類したものです。縦軸が能力で、上に行くほど高くなります。横軸が性格で、右に行くほど好ましくなります。

◎能力の高さと性格の良さによる分類

リーダーの本命は言うまでもなく、図1-2の右上の部分に当てはまる人物像です。こういう人が上司なら、「この人についていこう」と思うでしょう。しかし、世の上司が皆こうだとは限りません。例え

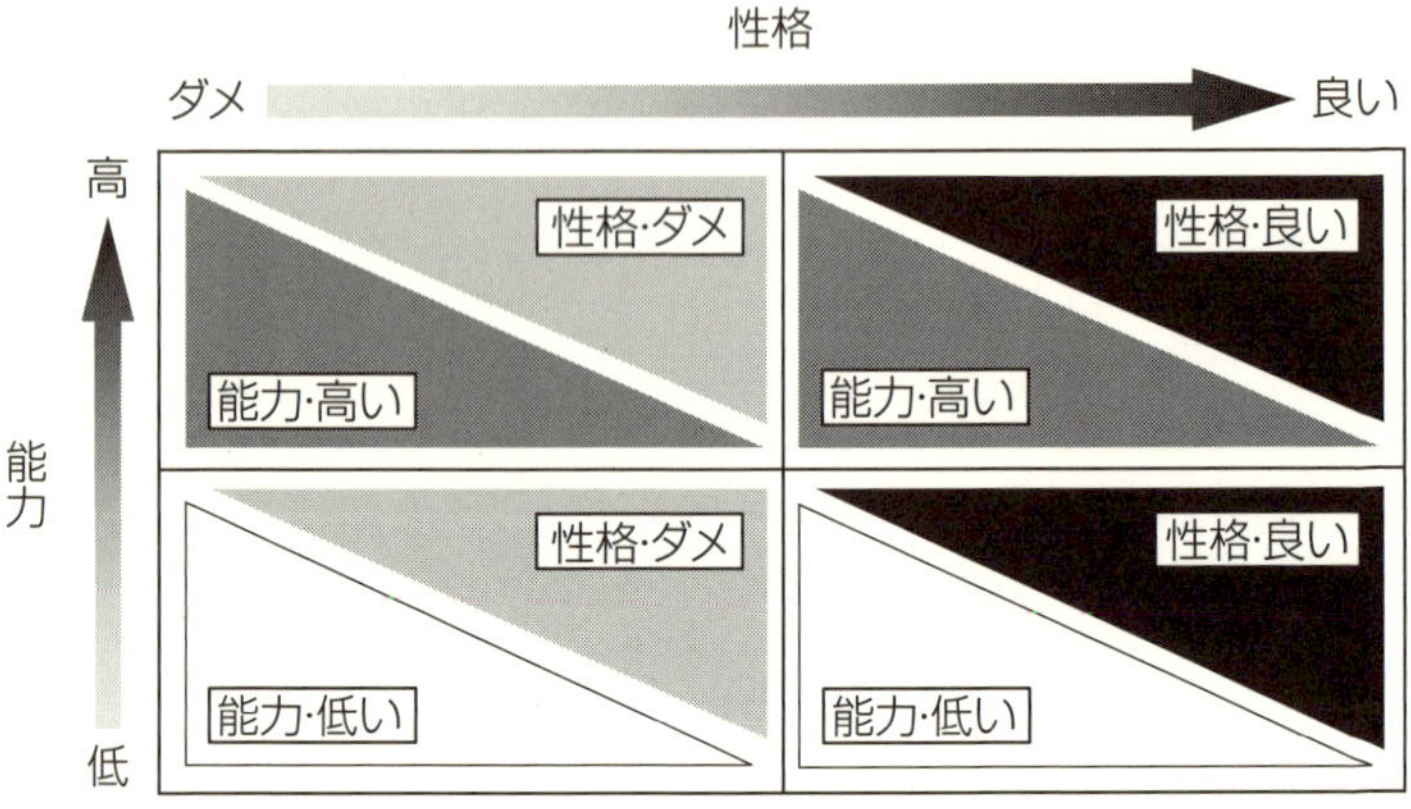

図1－2：上司の能力と性格

ば、リーダー中のリーダーである日本の首相の場合はどうか。本来なら、リーダーとして条件をすべて備えている人がなるはずです。しかし過去の首相を見てみると、能力は高いが性格的に疑問視したくなる人や、能力も性格も問題がある人、能力はそれほどでもないが性格がいい人など、右上の部分に当てはまらない人もたくさんいたと思い当たるはずです。

激烈な競争を勝ち抜いた首相でさえそうなのだから、あなたの上司がそれほどすごい人であるはずがない。——そう思えば、「仕方がない。仲良くやっていくか」という気にならないでしょうか。

第四節　女性管理職、ピンチからの脱出法

私は、さまざまなキャリア講座や大学の講義で多くの女性たちを教える機会があります。そこから巣立ったかつての教え子の中には、現在女性リーダーとなって活躍している人も多くいます。

私は、こうした女性リーダーと、定期的に勉強会を開催しています。彼女たちが現場で切磋琢磨する際にはさまざまな悩みを抱えることも多く、私が時に応じてアドバイスする場合もあ

ります。この節では、二〇-四〇代の女性管理職数人と行った会合で出てきた質問と、それに対する回答を紹介してみたいと思います。

相談　部下から転職相談を受けた場合、どう対処したらいいでしょう?

四〇代の女性部長からの相談。「二〇代前半の直属部下から、転職の相談を受けた。親身になって相談に乗りたい気持ちはあるのだが、本人の望むままに転職を応援してしまっては、自分の管理責任を問われかねない。こんなとき、どう対処すべきか」という内容です。

回答　会社における損益を考えつつ、現実に即した冷静なアドバイスを。

部下から転職相談されたときにどう対応するかは、管理職としての手腕の見せどころです。まず判断すべきは、この部下が会社にとって必要か不要か。それによってまったく対応が異なります。

残念ながら不要だと思えば、人事部と相談の上、後任のめどがつく時期に合わせて本人の希望を受け入れればいいのです。このまま無理に勤め続けても、本人が将来不幸になるだけでしょう。チーム内の仕事が滞ることのないよう時期の調整をして、損失も最小限に抑えます。このケースは、それほど難しくありません。

問題は、部下が会社に必要だと思われる人材の場合、どう説得して転職を諦めてもらうかです。

まず指摘したいのは、誰にでも逃避願望があるということです。ビジネスパーソンなら、今の会社を辞めたいと思ったことが一度や二度はあるでしょう。特に、仕事を始めて日の浅い二〇代前半の頃ならば、これまで育ってきた自由な環境と企業の厳しいフレームとの間に落差を感じ、脱出したい気持ちが芽生えるのは自然だとも言えます。実際のところ、若年層の転職率も高まっています。もし、部下が逃避願望から転職を願っているようなら、上司として自らの体験談を語るのがいいでしょう。「二〇代を振り返れば、かつては自分も苦しみ、逃げ出したいと思ったことがあったが、何とかそれを乗り越えてきた。もしあのとき逃げてしまっていたら今の自分はなかっただろうし、その後に生まれた強さも身につかなかった」。このように、先輩としての体験ストーリーを語って聞かせることは、部下の迷いを断ち切るきっかけになるでしょう。

隣の芝はよく見えるもので、自分の会社に不満があるときは、他の企業のいいところばかり見てしまうものです。しかし私の知り合いのヘッドハンターによれば「前の会社から逃避することが目的の転職は、ほとんどいい結果を生まない」といいます。

ビジネスパーソンに必要な条件は、まずは自分のいる会社の担当分野でトップクラスのスペシャリティと競争力を持つこと。その気構えなしでは、転職しても同じことを繰り返しかねないことを指摘するのです。

また、部下の立場に立ってみた冷静なアドバイスも必要です。私もかつての教え子から「転職したい」という相談をよく受けますが、その際必ず聞くことは、「次に移ろうとしている会社について、どのくらい調べたか」です。ヘッドハンターから誘われている場合も、中途入社の公募の場合も同じです。意外に、その社の実情をきちんと調べずに「転職したい」と思っている人が多いのです。

人事部を通じて得られる企業情報は、採用に都合のいいことばかりです。自分自身のルートでその会社の社員を探し出し、企業風土や社内事情を聞くべきでしょう。ベストは、その会社を退社した人、つまりその会社に対して客観的に話せる人にも聞くことです。

転職にはメリットとデメリットがつきものです。大企業に所属するメリットは「安定」ですが、その反面、挑戦する機会が少ないという欠点もあります。標準化された作業や時間の中で働かなければならず、「熱い思い」が通じづらいこともあります。

一方ベンチャー企業であれば、チャレンジングなところはあるけれども、安定性が低い。安定とチャレンジというのは、いつもコインの裏表です。

この二つの側面を自分の志向とどうマッチさせるかは、個々人が判断すべき課題です。ビジネス経験が浅い部下にとって、今の時期は基礎体力をつけ、自分に適した分野を決めていく期間だと思います。将来的には、異動や転職ということもあるかもしれませんが、「まずは今の仕事を続け、その間にビジネスパーソンとしての競争スキルを身につけ、高めた上で次のステップに踏み出せばよいのでは」と話し、合意を得るといいでしょう。

こうした客観的かつ現実的なアドバイスができれば、部下も真摯《しんし》に自分の将来を考えられるでしょう。また、結果的に部下がどう行動したとしても、管理者として自分にでき得ることはしたということができます。

相談　突然、管理職に任命されました。やる気はあるのですが、不安も大きい。どうしたらいいでしょうか。

三〇代前半の女性からの相談。「会社の方針により、突然管理職に就くことになった。期待には応えたいし、やる気もある。しかし周りにはお手本となる女性の先輩がおらず、とまどっている。前任者は男性で聞きづらいこともあり、正直自分はちゃんとやっていけるのか不安だ」という内容です。

回答　確かに責任は重いと思いますが、ワンランク上の視点を持てるチャンスです。チャンス

は「生もの」で、そのとき手にしないとなくなってしまいます。

管理職になると、リーダーとしての裁量を求められると同時に、部下の将来を左右しかねない権限を持つことになります。一般職でいたときよりははるかに負担は大きくなるという覚悟が必要です。例えばこんなシーンを想像してみましょう。あなたは人事権を持つので、自分の部下を次の昇格者候補として、人事部に上申します。その実力と実績からしても当然の処遇だと確信したものの、同時期にもっと実績を上げている人が相当数いて、自分が推した部下は昇進できませんでした。こんなとき、管理者であるあなたは、「こんなに実績を上げたのだから」と昇格への期待を膨らませている部下に対して、「今年は昇格できない」という辛い宣告をしなくてはなりません。当然ながら、部下は落胆するでしょう。そして、ここで昇進できなければ、将来の経営幹部候補から落ちる可能性もあります。

このように、あなたの行動が、逆に部下のモチベーションを下げたり、その将来に影響を及ぼすこともあります。そういった意味で、部下の一生を預かるのが上司であり管理職なのだと、肝に銘じる必要があるでしょう。

人事のほかにも、意思決定や執行管理など重い責任が付きまといます。その重さに最初は押し潰されそうになるかもしれません。しかし、プレッシャーに臆することはありません。よくしたもので、時がたてば自らが置かれた環境に慣れてくるからです。「環境が人を作る」と言われますが、一時的にとまどいはあっても、大きくなったステージに自分を合わせて仕事をしていくことで成長できます。上級管理職のヒアリングでは、「管理職になり視点が変わることが、自分を大きく成長させた」という声が多くあります。

だからこそ、私は「先のことで今悩むより、悩みが出たらそのつど考えればいい」とアドバイスしたいのです。

キャリアアップを目指す人は、「若いうちから、一ランク、二ランク上の視点でものを見ろ」と言われます。できるだけ早いうちからより高い視点を身につける努力をします。一般社員なら課長、課長なら部長になった気持ちで今後考えていくことが、自分のスキルを伸ばす訓練となります。何事も、すでに先取りしたものがあれば、不足する部分は少なくなります。不足分は、先取りして余裕が出た分で迅速に埋め合わせ、キャッチアップしていくことができます。さらに上を目指すなら、次はこの手を使いたいものです。

第五節　二〇年目、キャリア最大の分岐点を乗り越える

◎ミドルエイジが企業で生き抜くために

ある五〇代の女性管理職が、こんなことを語っていました。「若いうちはちやほやされたけど、今は周囲から疎まれている感じがする」。「同じ社員でも、三〇代は各部署からひっぱりだこなのに、四〇代後半になると引きがなくなる」。そう指摘するのは、金融関連の人事部の担当者です。これらは、思い過ごしではなく現実でしょう。

ビジネスパーソンの中には、現在の自分の地位は「いつまでも保障されている」と思う人がいます。目の前のポジションへの昇進を目指して「全力投球し続ければいい」と錯覚してしまいます。しかし現実は、入社して二〇年間とその後の二〇年間で、社員を取り巻く職場のパラダイムは大きく変わってしまうのです。

◎前半期の二〇年間に、プロを目指せ

入社後の二〇年と、その後の二〇年の変化。それは、社内における人材の需給バランスに起

因しています。移り変わる時代にスムーズに対応するためにも、企業は若い人材を次々と登用します。その結果、ベテラン社員でも、ただ勤務年数が長いだけで若い人材にはない付加価値を持っていない場合、だんだん必要とされなくなってきます。

社内での人材ニーズのピークは、入社二〇年目くらいまでに訪れます。この期間が勝負です。後半の二〇年でもやりがいを持って生きていくために、できれば四〇歳までにはプロとして「この仕事では負けない」と自負できる分野を、一つは作らなければダメです。

ビジネスパーソンが特定の分野でプロになるまでには、三ステップの過程が必要になります。

第一段階は、部署内に自らの存在を知らしめるまで。まずは修業の一年から始まって、一人前の仕事がこなせるようになり、自分なりのプラスアルファを加えて創造的な価値を生む仕事を手がけ始めます。やがて、周りから「なかなかできるね」と、そこそこの評価を受けるようになります。

第二段階は、部門の中で頭角を現すまで。仕事で戦略的課題を発見し、それを周囲を巻き込んで解決し、業績を上げることで、それは果たされます。通常、縦割りで管理される大企業では、部門間の壁がまるで別会社のように高くそびえ立ちます。しかし、大きな問題の解決には他部門の協力が不可欠です。そこで壁を乗り越えて連携を図ることで、他者と差別化できます。その結果「〇〇部門には、△△さんがいるね」と注目を集めるようになります。

そして最終段階では、自らが携わる仕事においては、社内でトップクラスになるだけでなく、業界・社会において自分のスキル、実績を認知されるようになるまで。ここまでできて、ようやくプロです。注意すべきは、自分の到達目標を、社内のトップポジションとしないことです。万一リストラの憂き目に会ったり、会社そのものが崩壊した場合、社内ではトップレベルであっても外へ出てみれば武器にならず、再就職先がないという悲劇が起こることもあります。重要なのは、業界、職種レベルでトップクラスのクオリティを持っているかどうか。「マーケティングではA社の××、トップ営業ではB社の△△が有名だ」と社外の人からも実績を評価され、他社からアドバイスを求められたり、外部セミナーで講演したり、雑誌に取り上げられたりする状態が目標です。例えば、キリンビバレッジで「FIRE」「生茶」などの人気商品を生み出し、ヒットメーカーとして有名な現キリンビールマーケティング部長の佐藤章氏や、紳士服チェーン・アオキで年間三億円もの個人売上を記録して二〇年以上トップを続け、一五〇〇人の得意客を持つという町田豊隆総店長などは、誰もが認めるプロです。

前述のような三つの段階を経てプロになるまでには、時間がかかります。最低でも、それぞれのステップに三年、計九年かかるというのが私の持論です。一つの分野でプロとなり、次に新たな分野へと手を広げて、そこでもプロを目指す場合は、時間は半分で済みます。自分の得意分野を二つ作っておけば最強です。

◎ミドルエイジのアウトプット戦略

では、二〇年たった後のミドル以降はどうなるでしょうか。人材のアウトプットを決める「スキル」、「実績」、「モチベーション」という三つの面から、価値を考えてみたいと思います。

まず「スキル」面では、自分の力を高めるに当たって、状況に応じた差別化が必要になります。

管理職ポストを次々に移る立場なら、ある特定の分野のプロフェッショナルになるよりも、汎用性のあるマネジメントのプロを目指し、どのような仕事もこなせるジェネラリストになることです。部署の将来のビジョンを示し、部下マネジメントのスキルを持つことで、上位のポジションでも力を発揮します。

一方、専門職ならば、特化して抜きんでたプロのスキルを持ち、第一線で活躍し続けられるプレイヤーになることが必要です。そのように価値あるスキルを磨いていけば、五〇代でポストから遠ざかっても、十分に自分の武器となります。

「実績」面では、若い人材では持ち得ない〝知恵〟と〝経験〟を生かします。提携業務や難易度の低い仕事をきちんとやり遂げることは、若い人でもでき、アウトソーシングも可能です。ミドルエイジになれば、その人にしかできないような難易度の高い非定形的課題に取り組んで解決していくことが期待されます。それは一年単位の目標管理を超え、三年、五年かかってもいいでしょう。自分が去っていった後に、「先輩がこういう道筋を作ってくれたんだ」と言われるような、会社に名前を残すような実績で勝負していきたいものです。方向としては、次の三つです。

① 新たな付加価値を生む、新規企画への取り組み
② 既存のやり方を見直し、効率を高める取り組み
③ 不採算部門からの撤退

大きな仕事の前には、一度足を止めて過去の自分を振り返り、見直してみましょう。出世志向ゆえに、自己PRのための仕事や上司への過剰なサービスなどを、多くしてきたのではないでしょうか。失敗を恐れ、リスクを伴う仕事や提案を避けていなかったでしょうか。

ミドル以降は、出世の可能性は限られてきます。その分リスクもあるけれども、組織や会社にとって真に必要な長期戦略的課題に取り組むことができるはずです。今までに培った専門性を駆使して、他者と異なるレベルで実行することを目指しましょう。自分のスキルがある分野のトップクラスに入っていれば、理論も合わせ持っているはずです。したがって、専門分野の理論と実績の両面で「この問題をやらせたら、あの人の右に出るものはいない」というレベルを作っていくことができます。

最後に、「モチベーション」面では、かつての部下から見て「手のかからない、気持ちいい先輩」という立場を保ちたいものです。「お荷物」扱いされることは、避けなければいけません。

ミドル以降の課題として、厳しいセルフマネジメントで自分を律し、体力・気力も維持して、さらに元気になるように取り組むことが望まれます。常に機嫌よく周りの気分を盛り上げ、職場の活性剤としての役割を果たせれば、あなたの存在は社内にとっても大きなものとなるでしょう。

長期のキャリア戦略を効果的に進めるには、先を見据える目が重要です。そのためにも、キャリアの初期から、「はじめの二〇年と、その先の二〇年」を視野に入れて、切磋琢磨していくことを勧めます。

＊本章は日経ビジネスオンライン「女性管理職の落とし穴」に掲載されたものが基になっており、次のＵＲＬで読むことができます。http：//business.nikkeibp.co.jp/article/skillup/20070315/121168/

第二章

私がキャリアの決断をしたとき

田内直子
味の素株式会社　アミノ酸カンパニーアミノサイエンス事業開発部専任部長

一九八九年、一橋大学商学部卒。竹内弘高ゼミ。体育会硬式庭球部女子部主将。第一回如水会海外留学生（UCバークレー）。味の素株式会社に八年間勤務後退社し、ケロッグビジネススクールにてMBA取得、コンサルタントとしてマッキンゼー&カンパニー（東京）にて数年間働いた後、味の素株式会社に再入社、経営企画部専任課長としてM&A（企業の合併・買収）を担当。味の素では、これまでに海外食品事業開発、国内営業、輸液・栄養事業（医薬）統括といった仕事を経験してきた。二〇〇九年七月より現職。

第一節　留学は神様が決めてくれた運命

◎はじめに

私は平成元年に一橋大学を卒業し、今年で社会人になってからちょうど二〇年になります。大学卒業後の職業人生を約四〇年と考えると、ちょうど折り返し地点のあたりにいることになります。まだまだ通過点にいるわけですが、どうしてこういう人生、キャリアになったのか、そのときに何を考えて決断してきたのか、これまで私なりに積み重ねてきた経験について、お話ししたいと思います。

私の大学時代は、現在ＩＣＳ（大学院国際企業戦略研究科）科長である竹内（弘高）先生のゼミでマーケティングや戦略の勉強をし、また、体育会硬式庭球部でテニスに打ち込むという学生生活を送っていました。在学中に如水会（一橋大学同窓会）の第一回目の留学生としてアメリカに留学する機会を得て、卒業後は味の素に入社、その後一度退社して米国のビジネススクールに留学し、外資系コンサルタントを経て、味の素に戻り、今に至っています。

同じ年齢では、日本を代表する経営者にまでなったテニス部の同級生で楽天の三木谷（浩史）さんのような人もいます。どんな生き方を選び、キャリアを積むかによって、自分で将来を作っていくことができるのです。皆さんがこれからご自分のキャリアを考える際に、私のお話がケーススタディとして何らかの参考となれば幸いです。

◎最後は運を天に任せた結果の「留学」

皆さんはなぜ、一橋大学に入学してきたのでしょうか？「東京の国立大学がよかった」、「学んでみたい教授がいらしたから」、「合格する確率を考えて」等々、さまざまだと思います。私が一橋大学を受験したのは、ここで教えていた父に連れられて子どもの頃からときどき遊びに来ており、『この緑のきれいなキャンパスで学生生活を送りたい』、『良い環境にあるテニスコートでテニスをしたい』と思ったのが最初のきっかけでした。どういう道に進みたいかの志望理由は人それぞれだと思いますが、自分の思いだけではだめで、それを実現するためにさらに入学試験というハードルもあるので、自分の意志と努力と最後は運もあり、その結果として最終的にここにたどり着いているわけです。あとから振り返ってみれば、その選択が良かったと思えることも、もう少し別の道に進んでいれば、と思うこともあるかもしれませんが、自分が今なぜここにいるのかは、いくつもの人生における自分自身の選択の繰り返しの結果であり、これからの人生の中でも、また何度も選択を繰り返していくことになります。私が今ここに立っているのも、そういった意思決定をこれまで何度も繰り返してきた結果です。

入学がかなってからは、早速テニス部に入り、勉強はほどほど、ただゼミだけは真面目に、厳しい竹内先生の下で企業戦略やマーケティングを一生懸命に勉強していました。そんな学生生活の中、就職についてはどんな道に進みたいのか、最初はあまりイメージがありませんでした。いろいろ考える中、ゼミで学んでいたマーケティングが面白く、それを活かせるようにと思い、メーカーがいいのではとある程度絞って就職活動を始めました。当時の就職活動は遅く、四年生の初夏の頃でした。順調に進み、第一希望の外資から内定が出そうになっていたのですが、そこにきて、本当にこの道に進むことでいいのか、非常に迷いが出てきていました。

そんなとき、大学の掲示板に「如水会が留学の奨学生を募集」という案内が張り出されました。それまで、私自身は留学なんて考えてもいませんでしたが、実際に留学したり留学に興味を持っている仲間は近くにいました。また、ゼミでも米国ビジネススクールの英文教材で学んでいたこともあって、何となくイメージは持っていましたので、『奨学金も出るようだし、こんな機会に出会えるのも何かの運命ではないか』と思って応募してみました。

その結果、いろいろなめぐり合わせもあり、倍率がかなり高かったにもかかわらず、見事合格しました。結果を聞いたときには、まさか……とびっくりしましたが、結局、就職という人生の進路に迷っていた自分に、神様が決めてくれた運命と思い、就職をやめて一年米国に留学することにしました。時には運に身を任せてみるというのもいいのかなと思います。

あとから考えてみれば、英語が好きで自分で勉強をしていたこと、当時の男子学生がほとんど勉強していないときに成績が比較的良かったこと等、運を引き込む準備は何かしらしていたように思います。特に目的がなくとも、日頃の小さな努力がチャンスをものにすることにつながることもあるのだと感じました。

◎マイノリティー体験

募集が掲示板に張り出されてから一カ月後には、慌ただしい選考を経て、もう米国の地に立っていました。それが、四年生の八月です。急な募集だったため、ほとんど何の準備もできませんでした。英語は下手だし留学先の仕組みはわからないし、どう生活を整えたらいいのか、本当に手探りの状態でのスタートでした。とはいえ、大学の推薦で派遣された制度初の留学生ですから、単位を落とすわけにはいかないと思い、それまでの中で一番必死に勉強した一年になりました。

この一年間の留学では、知識面はもちろんでしたが、私の価値観に大変インパクトを与えました。私はそれまで何不自由なく育ち、入りたかった一橋大学にも受かり、何でも普通にできたため、弱い立場に置かれた経験があまりありませんでした。それが、英語も大してできず、一気に何もできない、わからない、弱い立場に置かれることになったのです。

私の留学したカリフォルニア大学バークレー校は、西海岸のサンフランシスコ近くにあります。多様な人種で構成されており、日本からの留学生への偏見や差別はそれほど感じませんでしたが、白人とは違うアジア系は、マイノリティー（少数派）に入ります。英語力のなさから授業で意見が言えなかったり、生活の中で友人たちとコミュニケーションを取ろうとしてもカルチャーの違いでなかなかうまく通じなかったりと、非常に苦労しました。

実際に自分自身で体験してみて、弱い立場に置かれた人の心細さや不安、疎外感といった気持ちが身にしみて感じられました。それまでに体験したことのない気持ちでした。一方で、アメリカではそういう人に対しても手を差し伸べてくれる人（ボランティア）や、サポートしてくれる学校の仕組みがよく整っていて、日本と違った社会の底力も感じました。

そんな中で自分を助けてくれたのは、テニスです。テニスが上手だったおかげで仲間ができていき、いろいろな大会に「一緒にダブルスを組んで出よう」と誘ってもらい、そこから友人が増えていきました。寮やクラスの仲間も次第に増え、学校生活は結構楽しいものとなりました。異文化の中での実体験から、自分の人生の価値観に一つ、大きなものを学べたと思います。

◎就職に対する期待の変化

留学経験は、就職に対する考え方にも影響を与えました。日本のメーカーは、どちらかというと「就社」で、「うちの会社にくれば、いろいろな仕事のチャンスがあります。でも、営業になるか、製品開発の担当になるか、どの製品の部門に行くかもわかりません」というパターンが多いようです。私はマーケティングの仕事ができることを最優先としていたので、留学する前は職種別採用の「就職」ができる外資系メーカーを志望していました。

留学中は経営学部（ビジネススクールの学部クラス）で学んでいたのですが、ちょうど『ジャパン・アズ・ナンバーワン』や『ＫＡＩＳＨＡ』という、外国人が書いたビジネス書が非常にもてはやされている頃で、「日本的経営は素晴らしい」とアメリカのビジネス界が日本企業について学んでいる時代でした。私は、文化にしても政治にしても『自分は日本のことを本当に知らない』と、アメリカに行って痛感していたこともあり、「素晴らしい」と言われている日本の会社の仕組みをまずは学ぶべきではないかと思い直しました。当時、日本の大企業は新卒採用しかなく、外資系であればあとから転職の機会も多いということも併せて考え、留学後は日本企業に絞って就職活動を行いました。留学という機会を得て、自分がそれまで考えていた進路の方向性が変わり、新しい価値観を持っていろいろと考えられるようになったことは、その後のキャリアに向けた大きな転換点となりました。

日本のメーカーを中心に就職活動を行う中で、私は「自分にとってはどのような会社がいいのか」という評価ポイントをいくつか考えました。メーカーには、鉄、土管、半導体など、消費者の目に直接触れる機会が少ないものを作っている会社もありますが、わかりやすいほうがいいと思い、自分が消費者として理解のしやすい消費財に重点を置きました。また、せっかく留学によっていろいろな価値観や文化があることを学んだのだから、できれば世界を相手にビジネスができるチャンスをと思い、グローバルに展開している会社を中心に考えました。さらに、一つのものしか作っていない単品事業の会社もありますが、私は飽きっぽいところもあるので、いろいろな事業に関われるチャンスがありそうな多角化企業を中心に検討しました。

そんな大きな方向性の中で、ＯＧ訪問をして情報を集めたり、実際に会社の方との面接を通じて感じたりしたことから、形式が重んじられ官僚的な感じのする厳格な雰囲気の会社よりは、自分にはおおらかな社風の会社、そして女性として働きやすいと感じられるところのほうがいいのではと、だんだん考えがまとまっていきました。ただ、一番大きな判断基準として考えたのは、「実際にその会社に入ったときに、自分はどんな仕事がやれるのか」ということでした。

◎総合職と一般職

当時は、「男・女差別なく採用しなさい」という「男女雇用機会均等法」が施行されたばかりで、まだすべての会社がそういった制度を採り入れている時代ではありませんでした。新たな制度を取り入れた会社では、主に職種別採用が行われ、総合職は男性と同じ待遇の職種であり、一般職は多くの会社で転勤がなく補助的な仕事をやる、あるいは、転勤がないだけでほとんど男性と一緒の仕事をやるけれども給料が安いといった、男性とは異なった待遇の職種でした。私自身は当然総合職志望であり、基本的に女性の総合職採用を始めていた日本企業を受けに行っていたのですが、事業の広がりを見てたまたま受けに行った味の素だけは、一般職の募集のみで総合職採用を始めていませんでした。

具体的に各社の話を聞き始めてみて、いろいろなことがわかってきました。日本の大企業では、大体、「最初は、全国どこかわからないが、まずは営業をやって勉強するところから。その上で、将来、本社で事業部門に行ったり製品開発の仕事に就くチャンスもあるかもしれないが、まずは下積みから」というパターンが多いようでした。それはそれで現場を知ることができ、長い目で見たときに自分の力になることは間違いないのですが、将来、やりたい仕事に就けるという保障はありません。また、総合職制度はあっても、実態は女性の活用にまで至っていない会社もあるということもわかってきました。味の素の場合は、総合職で入社すれば営業配属が九割以上、ただ、女性は一般職での採用しかなく、男性と待遇には差があるものの、優秀な人には仕事をどんどん任せる社風があるようでした。また、面接の際、「海外関連の仕事をしたい」という希望に対しても、本社内の配属しかないわけですから、チャンスはかなりあるように感じられました。

最後は、今の自分にとって一番重要なことは何かを突き詰めて考え、社風が自分の感覚と合いそうなところで、形としての職種や待遇ではなく、やりたいことが最初からやれる可能性が高いほうに賭けてみようと思い、味の素を第一希望とし、入社がかないました。いずれ総合職の制度ができると聞いてはいたので、同級生たちと差がつくことが気にならなくはありませんでしたが、その時点の自分の評価軸の上では納得のいく決断だったと思います。会社の規模や評判、待遇、仕事の内容等々、どの評価ポイントが一番大切なのかは人それぞれだと思いますが、自分なりにそれをよく考えてみることが何よりも大切だと思います。

結果として、入社してすぐに海外事業部門に配属となり、運よくやりたい仕事に就くことができました。この点は、自分が勝負を賭けたことで手にできたチャンスだったと思います。もっとも、「すぐにできる」と言われていた総合職制度が翌年できて、後輩女性が総合職入社してきたにもかかわらず、私はすぐにはコース変更がかないませんでした。もう一年待ってやっと総合職として認めてもらうことができたのですが、入社して数年の頃はその一年の差が大きく感じられ、悔しい思いもしました。しかし、そこは自分の選んだ道であり、すべての賭けには勝てなかったということ、うまくいくこともあればいかないこともあると、いい経験になりました。

第二節　今の仕事を懸命にできなかったら次のチャンスはない

◎面白くないときこそ努力をする

味の素は、食品事業を中心に、海外も含めて多角化した企業です。欧米だけでなくアジアや南米等、発展途上国も含めていろいろな国に進出しています。きっかけとなった「味の素®」という世界初のうま味調味料は、アミノ酸の一種であり、そのアミノ酸の技術を核として、いろいろな分野に事業を展開しています。アミノ酸の中には、動物に食べさせる餌のためのアミノ酸や、薬の原料になるアミノ酸、甘味料の「パルスイート」や「アミノバイタル」、そして医薬品もあります。例えば、点滴に使われる（栄養）輸液は栄養補給のためのものですが、主原料は体を組成するアミノ酸です。

さまざまな事業を社内に抱えていますが、私自身はこれまで、国内食品事業の営業、海外の食品事業のマーケティングスタッフ、医薬の輸液栄養事業の担当、そしてコーポレート・スタッフを務めてきました。アミノ酸部門にだけは関わっていませんが、当初希望していた通り、これまでに四つの部門でいろいろな職務に就く機会を得ました。

私が入社してすぐの一九九〇年代は、「バブル」と言われた時代でした。日本企業は豊富な資金力を背景に、ニューヨークのど真ん中にあるロックフェラーセンターや有名な映画会社を買収するなどして、「日本がアメリカを買っている」と新聞をにぎわせました。その頃、私は、海外事業部門で海外に展開している調味料事業のサポートをするのと同時に、海外で新しい事業が何かできないかと、M&A（企業の合併・買収）のサポートもしていました。味の素もいくつかの海外企業の買収を検討しました。結局、当時はあまり大きな買収はありませんでしたが、私自身が関わった小さな企業の買収にはこぎつけることができ、そのときの経験が、後の経営企画部での仕事につながることにもなりました。

入社三年目に晴れて総合職となり、男性社員と肩を並べて仕事ができるようになりました。これを機に営業に転勤となり、東京支店の油脂課に配属されました。業務用の顧客担当で、担当製品は油しかありません。スーパーやコンビニの総菜・弁当向け、レストランや外食向けが私の担当でした。そのときの担当顧客で一番大きかったのは、ある大手スーパーチェーンです。スーパーにはお総菜コーナーがありますが、各店のバックヤードで天ぷら、コロッケ、唐揚げ等を揚げています。そこで使用するフライ油を売っていました。一つひとつの店舗を回って営業をするわけではなく、スーパー本部に商談をしに行ったり、地域本部に行ったり、いくつかの実店舗をフォローして見に行ったりするのが私の担当する仕事でした。

また、大手コンビニエンスストアの弁当を供給している関東の弁当工場のうち二〇軒くらいを担当に持っていて、営業車を乗り回してよく訪問していました。揚げ物用の大きな油のタンクを設置してもらっているところもあり、「最近、調子はどうですか？」と、商売や競合業者の状況を聞きに行ったり、価格の商談に行ったり……という仕事でした。

実際に自分でやってみることで、商品を売るというのがどういう仕事なのか、学んだことは非常に多かったと思います。コンビニのお弁当工場の方と話をしたり、大きなスーパーの本部のバイヤーと話をしたり、社外の方々から学ぶこともいろいろ多かったと思います。ただ、正直に言えば、人と多く会って仕事をすることはあまり好きではなかったので、決して仕事は楽ではありませんでした。

また、日本の会社は、「次にどんな仕事ができるか」が見えません。味の素では三年から五年程度で人事異動があって次の職場に移り、いろいろな経験を積んでいきます。営業の仕事は非常に勉強になるし、実際自分のためにもなりましたが、この先やりたいと思っている仕事が「やれるチャンスがあるのか」、「いつになるのか」が見えず、この時代が社会人になってから一番苦しくつらかったように思います。ただ、目の前の仕事については、『これを一生懸命できなかったら、次のチャンスは絶対にめぐってこない』と思い、必死に頑張りました。今やっている仕事が「好きではない」とか「面白くない」からといい加減にしていては、絶対に次につながりません。営業の仕事は大変でしたが、自分なりにそこで努力できたことが大きかったと思います。

三年間の努力が実を結び、大手コンビニエンスストアとの取引が非常に大きく伸びました。私だけの力ではなくチームで出した成果でしたが、社内の営業表彰の一組に選ばれ、それをきっかけに再び人事異動のチャンスがめぐってきました。そんなときに、以前いた部の上司が声をかけてくれ、自らも希望していた部門でしたので、入社五年目に、再び本社の海外事業部門に異動することとなりました。

◎人生最大の決断

海外事業部門に異動してからは、現地での事業展開をサポートする仕事をしました。例えば、日本でいえば「ほんだし®」のような、鶏風味や豚風味など風味調味料といわれる製品をいろいろな国で売っていましたが、その開発やマーケティングを国内の関連部署と連携して支援するような仕事がその一つでした。

また、タイでの缶コーヒー事業の支援も重要な仕事でした。味の素は、タイで初めて缶コーヒー事業を始めた会社です。海外ではコーヒーを冷たいまま飲む習慣がなく、缶コーヒーというのは日本市場特有の製品でしたが、タイでの事業多角化の一環として始めてみたところ大ヒットし、現在では、缶コーヒーではコカコーラ等のライバルを圧倒的に上回るナンバーワン商品です。その缶コーヒー事業を他の国でも展開できないかということで、フィリピンならどうか、マレーシアならどうかと、アジアの国を飛び回りながら新製品の市場開拓という、非常に面白い仕事を担当させてもらいました。私自身が非常にやりたかった仕事でもあり、大変やりがいも感じていました。それまでの仕事を頑張っていたからこそ、こういうチャンスにもめぐりあえたのだと思いますが、会社の中でもかなり恵まれていたことは間違いありません。ただ、あまりに面白く、少し不安になったことがあったとすれば、それは、この先会社の中で何をやっていきたいのかという目指す姿が見えなくなってしまったことかと思います。

ちょうど、私が三〇歳になった頃でした。仕事一筋で生きるつもりはなかったし、この先、会社の中にいたらどんなキャリアを積んでいくことになるのか。結婚もしたいと思い、お見合いもしてみましたし、いろいろあがいてみましたが、どうしても自分の将来像がイメージできませんでした。そのときに、昔、「アメリカのビジネススクールに行ってＭＢＡを取りたい」という夢があったことを思い出しました。バークレー校に留学した頃、米国人の同級生たちによると「アメリカでは、いい仕事を得たり仕事の上での可能性を広げていこうと思うなら、まずＭＢＡ（経営学修士号）を取りにいく」ということで、何人もが「卒業後に目指したい」と話していました。その頃から私も、『どんな教育が受けられるのだろう』、『いつかビジネススクールに行ってみたい』という思いを持っていました。学生時代はマーケティング以外に興味のあった職業が経営コンサルタントであり、ＭＢＡはその転職を果たすのに効果的なステップでもありました。

私にとって、ビジネススクールに行くこと自体は目的ではなく、その先、コンサルタントという道に進む基礎となればもちろんですし、他のキャリアに進むにしても、自分を成長させる上でプラスになると考えていました。実は入社した頃から、将来もしかしたら行きたくなるかもしれないと思って貯金をしていたのですが、気付けば二年間の留学資金に足りるほどの金額がたまっていて、それがチャレンジする気持ちの後押しにもなりました。

このまま安定した大企業の会社員の身分を守っていくのもいいけれど、自分の人生は本当にそれでいいのか。ずいぶん悩みました。最後は、『もし、行きたいと思っている難関のビジネススクールに合格できたら、それもまた運』と思い、会社や親に内緒で受験勉強を始めました。

一年後、三校に絞って出願しましたが、うち二校に合格することができ、結局、会社を辞めてノースウェスタン大学のケロッグビジネススクール（『ビジネス・ウィーク』というアメリカの雑誌で「ビジネススクールナンバーワン」に何度も輝いている名門校）に行くことに決めました。

転身を決意した理由はいくつかありましたが、会社に自分の人生を左右されるだけではなく、社外でも通用する力、自分で道を切り拓いていけるだけのものを何か身につけたいということが大きかったと思います。また、八年間勤務した味の素には、いろいろな機会をもらい大変感謝していましたが、女性としてその先のキャリアパスがなかなか描けなかったことはあり、自分の人生を、いったん立ち止まって考える時間がほしいという思いもありました。ただ、戻る場所がなくなるリスクへの不安はもちろんあり、最初は、会社に「二年間の休職にしてもらえないか」を聞くだけ聞いてみたのですが、「そういう仕組みはないので」とあっさり断られました。やはりと思いショックでしたが、逆にそれで覚悟が固まりました。今では、退路を断ったことが自分にとってもよいほうに作用したと、会社に感謝しています。

チャレンジしてみようと思ったのは、やってみた後悔とやらなかった後悔は、どちらが自分にとってつらいか。棺おけに入るとき、どちらの人生を後悔することになるか。やってみて失敗することもあるかもしれません。MBA取得後に、就職が決まらなかったり給料が少なくなったりするかもしれないとは思いましたが、それでも、「あのとき、夢を追ってやってみていたらどうなっていただろうか」という、やらなかった後悔だけはしたくないと思い、気持ちの整理がつきました。私の人生の中で、一番大きな決断でした。

後日談になりますが、社内では、私が留学のために会社を辞めざるを得なくなったことについて、いろいろな意見があったようです。その一、二年後に、私に続き、「会社で認めてくれないのだったら辞めて留学する」という男性が一人、二人と出た際に、社費留学の道が拓かれました。本当に思いを持っている人がいて、その人が会社にとって必要だと思われ、時代がうまく回っていけば、会社も変わっていくのだな、と思いました。自分が変えられるか、それがきっかけとなってあとで変わるかはわかりませんが、自分が何か行動を起こしてみることで、会社という組織が変わることもあるのです。ルールがないから、ルールでだめだからということで自分の人生の選択肢を狭めるのではなく、だめもとでやってみる覚悟を持ってやれば、道が切り開かれることもあります。チャレンジしてみることの大切さを忘れないことが、何よりも大切だということではないでしょうか。

第三節 適性、体力、根性、知力が必要な世界

◎MBA取得からコンサルタントへの転身

入社八年目に会社を辞めた私は、自費でビジネススクールに留学しました。二度目の留学だったので、アメリカで学ぶことそのものには、それほど苦労はしませんでした。基本的に社会人経験がある人しか入学できませんので、さまざまな社会経験を持った友人ができたり、ネッ

トワークができたことは大きかったと思います。企業の経営に必要な知識もずいぶん学びましたし、教室でのディスカッションを通じ、クラスメートたちの実体験の話から学ぶことも多くありました。ビジネスの基礎学力や思考力を高める意味で、この留学で得たことはその後の人生に大いに役立っていると思います。

二年間の大学院生活においては、何といっても就職活動が大きなやまでした。コンサルタントになりたいと思っていた夢を実現すべく就職活動を行いましたが、コンサルタントの募集人数が意外と少なく、苦労しました。東京で採用を予定しているほとんどのコンサルティング会社を受けましたが、第一希望のマッキンゼーに、何とか入社することができました。

◎自ら考え、自ら動く

なぜコンサルタントの仕事をやってみたいと思ったかといいますと、コンサルティングは基本的に三、四カ月のプロジェクト単位で次々といろいろな仕事をしていくので、さまざまな会社、多くの業種やテーマの仕事に関わっていく機会があります。同じ仕事を三年、五年とじっくり手がけていくのとは、仕事の仕方がまったく異なります。ものを考える力が求められ、それを身につけるためにも、ぜひコンサルタントをやってみたいと思っていました。

直接のクライアントの多くは、大企業やグローバル企業のトップや経営に近い層の方々です。

その方々に、何らかの依頼テーマにそって経営の方向性のアドバイスをするのがコンサルタントの仕事です。一般企業と異なり、コンサルティング会社では新卒で入った二二〜二三歳の若い段階から実際に経営者の方々と一緒に仕事をすることもできます。私はMBA新卒で三〇代になっていましたが、経営に携わる方々と直接一緒の仕事ができるのは魅力でした。

日本企業では目上の人や自分より上位の人を立て、彼らの言うことを「素直に聞く」という日本的な美徳で仕事が回っていくことも多いのですが、コンサルタントとしては、「自ら考え動くこと。何が必要か自ら提案すること。それが、あなたの提供する価値につながる。何も意見がないのではノーバリュー」という価値観を徹底的にたたきこまれました。例えば会議に出たとき、日本の会社では、会議の場で上司が発言をしたら、それに対してフォローするぐらいで、下の人たちはその場ではあまり余計なことを言わないで黙っているパターンも多いかと思います。しかし、マッキンゼーでコンサルタントとして社内会議に出たときには、「意見のない人は、この会議に出る価値はない」と言われました。

組織として動くことが中心となる事業会社と一人ひとりのプロ（専門職）の集まりという職種の違いもありますが、自分が、会社、プロジェクト、チームに対して何を貢献できるかが、大変強く求められます。「上の人の言うことに従っていれば、とりあえず問題ない」という日本の感覚とはかなり違い、慣れるまでだいぶ苦労しました。

◎一に体力、二に体力、三、四も体力、五に考える力

働き方も、半端ではありませんでした。裁量労働制であり、「この仕事に対し年俸がいくら」という契約になりますので、成果を出すために本当に夜中まで働きました。クライアントに依頼されたプロジェクトに対し、答えが出せなかったらおしまいです。クライアントの納得、信頼を得るために価値のある提案書を作らなくてはいけないので、担当しているチーム全体が一体となり、必死に働きました。コンサルタントは「一に体力、二に体力、三、四も体力、五に考える力」と言われるくらい体力と気力が求められる中、さらに、頭を使って考え、会議で発言をしないと「ノーバリュー」と言われてしまう環境の中、本当に鍛えられたと思います。

論理的に考えないと、チームメンバーにも説明がつきませんし、当然、クライアントにも納得してもらえません。感覚で「こっちのほうがいいのではないか」ではなく、「なぜこうするべきか」という論理的な思考はもちろんのこと、どこまでも追求する体力、気力、根性をすべて合わせ、結果へ執着するということも学びました。また、経営視点のテーマを扱い経営者の方々と一緒に仕事をする機会を得られたことで、一社員ではなく、経営から見てどう考えるべきかという視点を得られたことも大きかったと思います。

◎外資系プロフェッショナルとして働くということ

外資系コンサルティング会社に実際に勤めてみて、日本企業との違いを感じることはいろいろとありましたが、その一つに、勤めている人のタイプの違いがあります。外資でコンサルタントをやりたいと思うタイプの人と、日本企業の組織の中で上手にやれて成果を出していける人では、性格的にもタイプが違う傾向があると思います。外資系コンサルタントは安定した終身雇用制ではありませんから、雇用の保障はありません。適性や仕事との相性がないと思えば自ら他の道を目指すことも多いですし、また、優秀でないと生き残るのも簡単ではありません。そういった意味ではリスクを取れる人が集まっていますので、「自分で何かしたい」という明確な意思を持っている、自己主張のはっきりした方が多かったように思います。これは性格やタイプの問題で、どちらがいいということではありません。もし自分に何か強い思いや若いうちからチャレンジしたいという思いがあれば、外資系企業の多くは早くから機会が得やすく、実力主義で認められる可能性が高いと思います。外資系といっても、メーカー系、専門職に近いプロフェッショナル系等がありますが、自分のタイプや目指すものにどういうところが合っているかを考えてみたらいいと思います。

マッキンゼーのような外資系コンサルティング会社や、競争の激しい外資系金融の世界ですと、三〇代半ばぐらいで経営者にまで昇りつめることも可能です。よく働いて優秀な実績を残せば、三〇歳前にマネジャーになり、早ければ三〇代半ばでバイスプレジデントや「パートナー」と呼ばれる経営メンバーの一員になれるチャンスもあります。日本の大企業では、その頃であれば、良くて課長程度でしょうか。外資系で成功すれば、年収は日本のサラリーマンからは考えられないくらいとなりますが、そこにたどり着けるのは一部のみ。適性、体力、根性、知力を全部持っている人が頑張ればチャンスを得られる、という世界です。

相当刺激的な世界でしたので、私も、人生の中で一番働きました。憧れていたコンサルタントとして実際に働いてみて、仕事は大変やりがいもあり面白かったのですが、何年かやっている間には体力、気力の疲れを感じることもありました。いずれ実業界でまた仕事をしたいとは思っていましたので、『自分はいつまでコンサルタントを続けていこうか』と、次のキャリアについても漠然と考え始めたりしていました。

第四節　どんな状況に置かれてもできる何かを持っていること

◎人の縁

女性として、仕事だけではなく家庭も持ちたいと考えていた私が、コンサルタントとしてこのペースで五年、一〇年と仕事をしていくのは自分には難しいだろうと思い始めた頃、たまたま、以前勤めていた味の素から、「実は新しい仕事ができるのだが、考えてみないか」というお誘いをいただきました。最初は非常に驚きました。一度辞めた人間に、「戻ってくる?」とはなかなか言いません。実際、一度辞めた後に再入社するという前例は社内になく、特殊なケースでした。私の場合は、やむなく辞めざるを得なかったという事情も若干あったかもしれませんが、大きな組織として動いている会社が誘ってくれたこと、その柔軟な姿勢自体にびっくりしたというのが正直な思いでした。ちょうど、以前一緒に仕事をさせていただいた方が経営企画の役員となっておられ、また、ほかにも何人かが私のことを覚えていてくださり声をかけていただいたようで、人の縁の大切さを改めて感じました。

実際にお誘いをいただいたポジションは経営企画部に新しくできるM&Aの専任担当で、M

ＢＡやコンサルタント、金融の経験者に向く仕事でした。自分がこれまでやってきたことを非常に生かせる仕事だと思い、私にとっても貴重な機会だと感じました。

ずっと味の素に勤め続けていたら、おそらくこのポジションに就く機会はめぐってこなかっただろうと思います。そんなチャンスが飛び込んできたのは、リスクを取ってチャレンジした結果だったのではないでしょうか。ただ、一度辞めた会社に戻るというのは、気持ちの上でやはり勇気のいることでした。再度日本企業という枠組みの中で働くということ、収入面でもマイナスとなること等々、迷う部分もありましたが、最後は、『この仕事をやってみたい』、『声をかけてくださった方たちの気持ちに応え、一緒に仕事をやりたい』という思いが強くなり、結局再度味の素で働くことにしました。これも、私にとっては一つの大きな決断でした。

◎Ｍ＆Ａの仕事

最近はＭ＆Ａが新聞の話題に上ることも多く、目にされる機会も多いかと思います。そこで、Ｍ＆Ａの仕事について、簡単に紹介したいと思います。

例えば、都銀でいえば、以前街角にあった第一勧業銀行や富士銀行は今はなく、みずほ銀行になっていますし、医薬品の世界では、大手の山之内製薬と藤沢薬品工業という二つの会社が合併して、アステラス製薬になっています。特に業績に問題のない会社同士でも買収や合併が起こる世の中になっていますが、そういうことを仕掛ける実務を行ったり、実際に取引を遂行するのが、M&A担当者の仕事です。

例えば、味の素がお菓子事業へ進出したいと考えた場合、自社で一から立ち上げるより、既存企業を買収したほうが時間やノウハウ等の面でメリットが出るとすれば、お菓子会社の中から戦略に合うところを探し、「当社グループと一緒になって、事業を発展させていきませんか」と交渉を行います。その結果、お互いの意思が一致すれば、その会社にいくらの価値があるか評価しましょうということになり、財務情報、事業内容、ブランドの価値などから、企業価値評価を行います。売るほうは高く売りたいですし、買うほうは安く買いたいので、両者の合意が得られるまで交渉は続きます。その他に、契約関係の交渉もあります。会社と会社が一緒になるときには、いろいろ取り決めが必要ですので、弁護士等の専門家とともに法務的な契約関係を取りまとめる仕事もあります。そして、めでたく合意に至れば契約を締結し、外部に発表し、買ったあとの事業運営についての検討という仕事の流れになります。

会社の価値評価を行うには、事業系、金融系、財務系、法務系、またブランド関連では知財系のこと等、幅広い基礎知識および専門的な知識が必要となってきます。いろいろな要素が入ってきますので、経営の基礎を一通り学んでいるMBAがこの仕事に採用されることは、一般的によくあります。ある意味、プロ的な仕事ですので、味の素という事業会社の中にあっても、

どちらかというと専門的な仕事という位置づけとなります。

事業会社におけるM&Aで一番大切なのは、買収後に、買った会社の価値をどうやって一緒に上げていくかです。例えば、買収された側の会社にとってみれば、会社の経営方針がどこまで変わるのか、親会社のやり方を全部押し付けられるのかと、非常に不安になります。親会社としても、グループに入ってきた新しい会社の人たちがやる気を出してくれなければ業績は上がりませんので、いかに一緒に価値を出していけるかが重要です。日本の会社は一般にこの辺があまり得意ではなく、今後、より注力していくべき分野だと思っています。

私は味の素に戻って三年ほど、このM&Aを担当していました。ある程度専門職的な仕事としてやりがいを持って務めていましたが、さらに自分の力を磨いていくためには、事業の仕事をやってみたいという思いと、管理職としての経験を積みたいという思いが出てきていました。

◎管理職の役割

味の素という事業会社の中にいる限りは、いずれローテーションがありますので、次は事業で管理職として仕事をしたいと希望していたのですが、その結果、医薬カンパニーに異動することになりました。医薬カンパニーは、もともと二つの会社を買収してきた経緯があり、M&Aの仕事からの引き継ぎという意味では、私にとって非常に興味深い部門でした。

私は一橋大学出身ですから、医薬品の化学構造、分子式、物質名を言われてもまったくわかりません。また、輸液栄養事業の責任者となりましたが、事業の中身もまったく知りませんでした。一から勉強すればもちろんある程度理解することはできますが、知らないからこそ見えることもあります。薬の成分がどうかということではなく、それがビジネスとしてどう成り立っているのか。採算の構造、数字（業績）がらみのこと、商取引のことは、経営の視点を持って少し勉強をすれば見えてくるものです。まったく知らない事業を担当することに、はじめは若干緊張しましたが、やがてそれほど怖いと思うこともなくなり、逆にわくわくするようになりました。

知らないことをやってみることで、自分の目も磨かれるように思います。知らないから一生懸命勉強をするということもありますが、細かいことを知らないからこそ、一番大事な点に集中して考え、必要なことは何か、重要なポイントはどこかを、大きな視点からとらえるようになるものです。そういった意味でも、良い機会となりました。

一番大変だったのは、周りが薬学部など研究系出身者ばかりだったことです。私の直接の部下は、多かったときで七人ほどいましたが、そのうち六人が研究系出身でした。また、五人が買収した子会社の社員で、私より年上の男性でした。四〇歳ぐらいの女性課長に対し、中には五〇代の男性もいました。彼らから見て面白くない部分はあったはずです。「この人は食品からきたから、どうせわからないだろう」という目で見られましたし、事業採算の発想よりもモノからの発想が中心でしたので、最初はなかなかスムーズにいかなかったところもあります。けれども、二、三カ月仕事をやっていくうちにこちらも事業の様子がわかってきて結果が出てくると、経験がないとか、女性であるとか、年齢とか、そういうことがだんだん関係なくなっていきました。お互いに得意なところが違うのを尊重し合いながら、うまく回っていくようになったのです。やはり、仕事の上での自分の役割を果たして成果を少しでも出し、通じる言葉で語れるようになっていくことが鍵だったと思います。

管理職としての私の役割は、一つひとつの製品をどうのこうのという細かいことよりは、事業の運営や業績の責任ということでした。製造部門である工場、企画する自分の部署、研究所、営業部門という全体をつないで事業を運営するので、非常に広い視野を持って全体を見ていかないといけません。必要と思えば、関連するいろいろな部門まで動かすことができ、また動かしていかなければならない仕事でした。

部下の教育、育成ということも役割の一つでした。一人ひとりが能力を伸ばして頑張っていかなければ、会社は立ち行きません。上司のアドバイス次第で、部下の成長に違いが出ることもあると思います。自分がプレイヤーとして仕事をする分には自分さえ頑張ればいいし、自分がだめだったら自分に返ってくるだけで、全部自分でコントロールが利きます。その点、管理職になって難しいと思うのは、自分でやったほうが早く上手にできることでも、誰かに任せてやってもらわないといけないということです。その人をやる気にさせて、期待する結果が出るようにしていかないといけないのです。私自身は、部下に育ってもらえるようないい上司でありたいと思って努力していたつもりでしたので、元部下の一人から、「課長に昇格した」との連絡をもらったときには、非常に嬉しい思いでした。

一人でできる仕事の範囲は限られています。大きな組織で大きな仕事を動かしていけるということは仕事をする上での醍醐味だと思いますが、大きな仕事をするためには、どれだけ組織として人に任せてうまくやっていけるかということが鍵であり、管理職になって求められるのはそういう役割だと思っています。

今、私は課長*としての立場で見ていますが、部長、役員、社長ともなれば、責任はもっと大きくなっていきます。テニス部の後輩で、一部上場の新興企業の社長となった女性がいますが、彼女は最初、大手の商社に入り、まだ二〇代後半でインターネット関連の子会社に部長として出向したそうです。部下には四〇代以上の男性が何人もいて、「ものすごく苦労した」と言っていましたが、「どうやってその人たちに一生懸命やってもらうか、苦労して考えた。そのときの経験が、自分をものすごく育ててくれた」と語ってくれたのが、強く印象にあります。実際にさまざまな立場に立ち、苦労して学ぶことが人を育てることになるのだと、私自身も実感しています。（*講演時の肩書）

管理職になること自体を目的にということではありませんが、仕事をしていく上で、より大きなことをしようと思ったら、いつか、人をまとめて動かしていく役割に行き着きます。そのときには、男女も年齢も関係なく、臆することなくやってみることが大切だと思います。その機会が二〇代でくるか四〇代でめぐってくるかはわかりませんが、チャレンジをしてみることが自分の成長のためにも重要なのではないでしょうか。大企業でなく、中小企業やベンチャーのような規模の小さい会社に入れば、二〇代の半ばくらいからそういった役割に恵まれることもあります。自分がどんなキャリアを積み重ねていきたいかを考えたときに、大企業や外資系といった選択肢だけでなく、そういうチャレンジの仕方もあるかもしれません。

◎企業に勤めるということ

医薬カンパニーでは、買収した二つの子会社と一体で事業を運営していましたが、三つの会社に由来を持つ人間が入り交じっており、それぞれの社風の違いもあったので、うまくいかない部分がなくはありませんでした。違う価値観や社風を持つ会社が一緒になる以上、違いの出る部分があることは避けられないように思います。社員としても、買収企業と被買収企業、または合併する企業においては、いろいろな苦労が生じるのは避けられない課題です。

コンサルタントとして買収案件に関わっていたときも、どうやって組織を融合させていくか、目的意識を一つにしていくための方策として何が必要かということは、重要なテーマでした。M&Aのあと、組織や事業をどう運営していくかは非常に重要なテーマだと、改めて感じています。ただ、M&Aは、今や珍しいことではなくなってきており、就職した会社がずっと独立して今の形のまま存続し続けられるかどうかはわからない時代になってきています。例えば、銀行はどんどん統合されてきています。私が就職した当時、銀行は人気があって、同級生にも就職した人はたくさんいました。特に、今はみずほ銀行になっている日本興業銀行とか、新生銀行になっている日本長期信用銀行とか、あおぞら銀行になっている日本債券信用銀行は、政府系の銀行で、志望度の高い就職先でしたが、今やどこもそのままでは残っていません。長銀と日債銀は経営破綻して、外資ファンドに買われています。就職していた同級生たちは、私が知っているだけでも半分ぐらいはすでに転職していますし、残った人も銀行そのものが変わり、就職したときに思い描いていたような会社環境とはまったく異なったものになっています。

会社を当てにしても、今の時代は何が起こるかわかりません。例えば売上が二、三千億円ぐらいの会社であれば、業種によっても異なりますが、いつ何が起きてもおかしくありません。自分の会社だと思っていたところが別の会社と一緒になって、会社が変わってしまう。それ自体は必ずしも悪いこととは限りませんが、最初に当てにしていた会社の仕組みが変わってしまうことは十分あり得るということです。

どんな状況に置かれたときでも、「自分はこれができる」という何かを持てるといいのでは、と思います。たとえM&Aによって会社の枠組みが変わったとしても、必要な人材であれば、いいチャンスはいくらでもめぐってくるでしょう。就職する段階から会社の将来を心配しても始まりませんが、会社というものは、どこで何があるかわかりません。会社だけを当てにして頼りにするのではなく、自分を常に成長させておくことが大切な時代になってきていると感じています。

◎就職を考える視点

就職を考える際、多くの方が、日本の大企業を考えるのではないかと思います。

大企業に勤めることのメリットは、安定性もあると思いますが、大きなステージで仕事ができることではないでしょうか。例えば、味の素は一兆円企業で、世界の二〇カ国以上に生産・販売拠点を持ち、グループ企業を合わせると二万五千人ほどの仲間がいる会社です。ですから、いろいろな仕事の舞台があります。例えば、新しい国に進出しようと思うときも、会社の中にさまざまな経験やノウハウがあり、事業規模が小さい会社より積極的な展開が可能です。また、事業会社の中には、製品・事業を担当する中核の仕事、私がやっているような経営企画、M&Aのような専門職的な仕事もあれば、購買、物流といった機能系の仕事もあります。金融でも、実際に融資やサービスを提供する中核となる仕事をするところと、決済業務を行うバックオフィスのような仕事もあります。大企業には、いろいろな職種、仕事のチャンスがあります。

あとは、制度面の充実です。女性から見れば育休、産休、男女共通では研修や社外留学制度など、大企業のほうがいろいろな制度が整っていることが多いでしょう。また、雇用も相当程度に確保されています。もっとも、五、六年前には電機会社が何千人もの早期退職者を募集したことがありましたし、日本の大企業であれど安心はできませんが、基本的には安定した就職先といえるのではないかと思います。

一方で、自分がやる仕事をどこまで選べるのかという点になると、会社の意思による部分は結構大きいかと思います。希望が通ることもありますが、自分でどんな仕事をやるかは必ずしも選べないと思っていたほうがいいかもしれません。

外資系ですと、実力さえあれば、三〇代半ばで組織のトップクラスまで昇りつめ、億円単位の収入が得られる可能性もあるかもしれません。それに対して、日本の大企業では年功序列がまだまだ残っていますので、若いうちは仕事をなかなか任せてもらえないということも多くあります。かえって、ベンチャーや小さい企業に行ったほうが、仕事上の責任を持たせてもらえるチャンスは大きいかと思います。

大企業であっても、会社だけに頼っていたら、その会社がどうなるか今の時代はわからなくなってきています。大企業だからといって必ずしも安心できるわけではなくなってきているということも、皆さんがこれからのキャリアを考えるときの参考にしてください。

◎これから社会に出る皆さんへ

最後に、皆さんが数年先に社会に出るときに向けて、私なりのメッセージを送りたいと思います。「必要なリスクを取り、チャレンジする勇気を持つこと」。何でもかんでも冒険すればばいいということではなく、自分にとって価値のあることだと思えるのなら、失敗を恐れずにリスクを取ってでも挑戦してみてほしいと思います。私は留学をする際、戻るところがなくなる覚悟をして味の素を辞めました。いったん決めたからには精一杯の努力をしましたが、結果として、うまく回って今の自分があるわけです。全部がうまくいく、全部を手に入れることはなかなかできませんが、うまくいかなかったとしても、私は後悔しなかったと思います。自分のやりたいことが見つかったなら、リスクを取ってでも、思い切ってチャレンジしてください。やらずに後悔するくらいなら、ぜひチャレンジしてみることです。皆さんが今後の人生の中で充実したキャリア、生活を築いていかれることを期待しています。

第二章

キャリアデザインに必要なことは

豊田優美子

株式会社電通　コーポレート・コミュニケーション局IR部　プロジェクト・マネージャー

一九八八年、一橋大学社会学部卒業。後期ゼミは、榊原清則ゼミ（商学部）で経営戦略・組織論も専攻し、課外活動では、体育会洋弓部に所属した。山一證券株式会社に入社し、上場企業の資金調達業務など、主に資本市場関連の仕事に携わる。九八年一月、山一證券の自主廃業に伴い、会社都合で退社。同年三月、株式会社電通入社。証券会社での経験を活かし、同社の上場準備ならびに上場後のIR活動全般を手がけ、現在に至る。また、一橋大学大学院国際企業戦略研究科金融戦略コースにも在学している。

第一節　ポータブル・スキルを持つこと

◎知られていないIRという仕事

私は、大学では主に経営学を学びました。企業活動のダイナミズムに興味があったのと、当時は『就職したときに少しでも役に立てられる学問を学んでおきたい』という気持ちがありました。『社会に出たときに少しでも早く役に立つ人間になりたい』という、はやる気持ちもあったと思います。そして、当時「四大証券」の一角であった山一證券に入社しましたが、その後一九九八年に電通に中途入社しました。そこで東証上場プロジェクトの仕事をしたあと、IR業務にずっと携わっています。

IRという言葉には馴染みがないと思いますので、ご説明します。「インベスターズ・リレーションズ（investors relations）」の略語で、簡単に言いますと、投資家に対して、自分の会社の魅力や業績や戦略などをアピールしてゆく仕事です。一口で「投資家」と言いましても、個人投資家から資金運用のプロフェッショナルである機関投資家まで、金額の規模や投資方法まで、さまざまです。世界中には、マネーを何十億、何百億と持って運用している機関投資家がたくさんいます。そういう方に、「私たちはこういう会社です。当社の株に投資しませんか」とマーケティング活動するのも仕事の一つです。

投資家からはさまざまな意見をいただきますが、その内容を経営者にフィードバックすることも、仕事の一つです。「この投資家が当社の経営について、こういう意見を言っています。それは、こういう理由からです」と考え方を伝えます。経営者と投資家では、発想やものごとを考える筋道が少し違います。目的も違います。そういった食い違いをどう解消していい関係にしていくのかを考えていくことは、非常に面白いと思っています。

広告会社は、クライアントから仕事をいただいていますので、基本的には受注産業です。それゆえに景気の波にさらされますので、業績の予想は難しいです。もし会社として「今期は営業利益○○億円を目指します」と発表したあとにそれが達成できない状況になってしまったら、会社が言ったことを信じて株式を買った投資家が困りますので、そのあたりのコミットメントをどうしていくかというのは、ＩＲの課題です。

そういう失望感とかサプライズがリスクにつながらないように、上手にマーケットに伝えて、株価がいい状態に保たれるようにきちんとした情報を出していくのも、ＩＲの大事な役割です。例えば、会社が好調な決算を発表しているのに、次の日の相場が下がることがあります。皆さんも企業研究をされると、「いい決算だったのに、何で株価が下がったんだろう？」と思われることがあるかもしれません。それはなぜかというと、そうしたマーケットの思惑が作用していることがよくあるからです。

私どもの会社には、ＩＲミーティングのために年間三百件ぐらいの投資家が来られます。年間実働二百五十数日で三百件ですから、一日に平均一件以上あるということです。日本の株式に投資しようという投資家が世界中から来日され、当社を選んでわざわざ訪ねてくださるわけですから、こんなにエキサイティングなことはありません。そうした方たちとのミーティングで、投資の考え方を含めていろいろなことを学びます。面白いと思った人は、就職の際の仕事研究の中にＩＲをぜひ加えてもらうといいと思います。

◎一歩会社を出ると女性差別が待っていた

当社は女性社員を活用する取り組みがそれほど早い会社ではありませんが、ここ二、三年は急速に進んできたと思います。もっとも、女性管理職の比率は、多分まだ数％くらいです。しかし、男女雇用機会均等法以後入社した社員が中堅世代になってくるにつれ、今後はどんどん増えてくるという気がしています。

今日は、お手本としての話というよりは、私自身の等身大の話を、「新卒で民間企業に就職して、そこそこ頑張って普通に二〇年働くと、こんな感じだよ」という一例として聞いていただければいいと思っています。

　私が就職活動をしていたのは、男女雇用機会均等法ができて二年目の採用年に当たります。私は、山一證券が採用した女性の新卒総合職の第一号でした。私自身は非常にのんびりした人間ですし、あまり気負いもなく入社したのですが、第一号ということで、周りは非常に気を遣ってくださったと思います。上司の方々は、何とか男性と同じ土俵で仕事をさせよう、評価しよう、と非常に努力してくださいました。会社のほうも試行錯誤の連続だったのだろうと、今さらながらに思います。

　しかし、社内で協力的なムードを作っていても、一歩会社の外に出ると、お客様はそういった目では見てくれません。山一證券では、上場企業の資金調達業務や情報開示関連の提案業務などを担当していましたので、上場会社の財務部といった先がお客様でしたが、例えば私がクライアント先に営業担当者と同行します。すると、営業担当者の多くが、なぜか、私が一橋大学出身であることを織り交ぜて紹介するのです。最初は気付かなかったのですが、そういうことが結構多くて、やがてわかりました。言外に、「女の子を連れて来ちゃって申しわけない。でも、この子はバカじゃない。御社のお役に立ちますよ」ということが含まれていたわけです。今ではちょっと信じられない話かもしれませんね。

　こういうことは、最近は少なくなってきているだろうと思いますが、男女の印象の差は、当時はそれほど大きかったのです。おそらく職種の幅も限られがちで、例えば営業にはあまり配属せず、研究職や事務職に多めに配属するといったことも、多くの会社で行われていたのではないかと思います。

◎突然訪れた転機

一九九七年一一月のある日、突然、山一證券が消滅することになりました。ある土曜日の朝六時に母親から電話がかかってきて、「あなたの会社がテレビのトップニュースに出ている」と言われました。「えーっ。何?」とテレビをつけましたら「山一證券、自主廃業」と出ていて、本当に驚きました。三連休の初日でしたが、急遽全社員に出社の連絡が回り、皆不安げな様子で集まって、経営側からの説明を聞きました。

山一證券は結構大きな企業で、グループ会社を入れると、おそらく一万二千人ぐらいの社員がいましたが、全員が一瞬にして職を失い、どこか他の職場を探さなくてはならない立場になりました。これだけの規模ですから、大変なことです。また、転職が現在ほど普通のことではなく、会社は「一度入ったら一生勤める」という考え方が一般的でした。

転職先を探さなくてはなりません。しかし、私はそのときの気持ちが意外と平静だったことを覚えています。これは自分でも結構驚きました。例えば、台風は、周辺では秒速何メートルで急速に吹き荒れていますが、中心の「台風の目」は静かです。感覚的にはそういう感じに近かったように思います。

◎自分にしかないポータブル・スキルを身につける

なぜそうだったのかと今振り返りますと、多分「これだけやってきた実績があれば、食うには何とか困らないはずだ」という直感が自分の中にあったからだと思います。今で言う「ポータブル・スキル」とでもいいましょうか。何とか潰しが利くだろうということです。

若いうちは「何でこんなことまで」と思うような仕事をしなければならないことが、必ずあります。しかし、客観的に見て「この人は能力があるな」とか「この人は使えるな」と思われるようなスキルを積み上げて持っていれば、それを見ている人は必ずいます。スキルアップを意識して日々の仕事に励むという心掛けは、とても大事です。

いざ自分を取り巻く環境に変化があったときに、「このスキルを持っていれば、どこにでも行けるんだ」という確かな感触を持っているかいないかで、人生の切り拓き方は相当変わってくると思います。「スキル」といった場合、それは単なる専門的な知識だけではなくて、実務経験によって鍛えられた洞察力、分析力、判断力、といったものも含まれます。今後何が起こるかわかりませんし、キャリアの転機は必ずあります。自分が最初に思い描いた通りに一本調子でキャリアを積み上げていける人は、こういう時代ですから、ほとんどいないでしょう。どこかで何かがあります。そういうとき、外部から見てスキルが「ある人」か「ない人」かが非常に大事になってきます。金融業界は、山一證券や日本長期信用銀行が破綻したり外資系の進出や合併・統合が進んだりした結果、現在は人材の流動化が非常に進んだ業界になっています。ですから、ポータブル・スキルを持つことによって、より高い報酬を得るポジションに行くことができる業界になっていると思います。

突然の自主廃業に遭遇した山一證券の社員たちが今どうしているかと言えば、みんな元気で働いています。同窓会が今でも定期的に開催され、百名以上が集まり、互いに近況を話し合います。転職が当たり前になった金融業界にいる人は何度も転職してステップアップしているケースもありますし、事業会社の取締役になっている人もいたり、あるいはまったく違うフィールドで活躍されている人も多いですね。

今の時代は、会社という組織自体がどんどん変わっていきます。皆さんが企業人になったとして、そのスタートラインにいたときには全然想像していなかったような事態が、どんどん起こっていきます。M&A（企業の合併・買収）や経営統合という言葉を最近よく耳にされていることと思いますが、例えば自分が所属している部署が売却されて、ある日から別の会社の一部門に変わったりします。あるいはその逆もあって、ある日からまったく異なる文化背景や言語を持った人たちと一緒に仕事をしていくことになったりもします。そのときには、それまで慣れ親しんでいた組織のルールや環境や指揮系統が、すっかり変わってしまったりします。繰返しになりますが、そのときにポイントになるのは、自分固有のスキルとか、外から見て「この人にはスキルがある」と他人から思ってもらえる明白なものを持っているかいないかということです。それを常に意識してもらいたいと思います。

◎思ってもみなかった業種へ

私のキャリアの話に戻します。山一證券が消滅して、電通という、思ってもみなかった業種の企業に入社することになりました。私にとっては非常に縁の薄い業界だったのですが、なぜ興味をひかれたかといいますと、電通がある日、「うちの会社は、これから上場の準備に入ります」と発表したからです。それが山一證券の自主廃業決定の少しあとの時期でしたので、「これは面白そうだ」と思い、すぐに転職活動をしたわけです。

上場の準備というと、実はいろいろな作業が社内で発生しますので、専門的な知識を持った人たちが必要になります。上場するということは株式をいろいろな方に買っていただくことですから、内部管理体制をしっかりして、会社の情報を外部へ正しく伝えていく義務が生じます。つまり、先ほど説明した「ＩＲ」の仕事が新しく必要になるわけです。

入社の面接のときは、ずっと話がはずんで、気が付いたら一時間以上たっていました。話しすぎた！と反省しましたが……。面接は、初対面の方とのコミュニケーションですので、なかなか難しいと思いますが、説得力のあるプレゼンテーション、その人からにじみ出ているスキル、人としての信頼感が大切です。会社の人はみんな、「この人は信頼できるな」、「入社したあと、うまくやれそうだな」という人と仕事をしたいので、面接では信頼できる人物像がにじみ出るように頑張るといいと思います。

就職活動の一つのトレーニングとしては、面接官の目をしっかり見て話すことを意識しておくといいでしょう。それだけで全然違います。姿勢を正して、相手の目を見て、自分の言いたいことをきちんと話せる人であるかないかで、印象ががらっと変わります。

◎女性は前に出て行くべき？

今の会社の魅力は、非常に自由闊達な風土であるということです。男女の差別うんぬんといったことを考えている人はあまりいなくて、その人が「仕事ができるか、できないか」ということだけです。自由ですし、広告の鬼と言われた第四代社長が遺した「鬼十則」にもあるように、とにかく周りを引きずり回すという感じです。

会社あるいは組織によって、文化や風土は違います。山一證券の、特に私がいた部署は、何

か課題があると「まず自分で調べて考えなさい」と教育されました。証券取引法や商法などが載っている『証券六法』をめくって読むことからトレーニングされましたので、何か課題があったときにはまず自分で考える、というのが基本動作でした。

一方、電通は、「こういったことに詳しいのは○○さんだから、そんな法律書を開いている暇があったら、○○さんに聞いて、ぱーっとまとめなさい」という感じの会社で、周りのノウハウとかスキルを自分のものにして使ってしまおうというところがあります。人に聞いてばかりでは「自分でものを考えていないんじゃないの？」と思われるかもしれませんが、そんなことはありません。周りの人の頭脳という資源を引っ張りだして自分の中に取り込んでいく、というスピード感があります。だから、周りをうまく使いながら自分のパフォーマンスを最大化することがすごく上手な人が、たくさんいる会社です。非常に魅力的で面白い会社だと思います。

もっとも、男っぽい会社であるのは確かです。では女性社員はどうしているのかというと、できる女性は、その中を上手に泳いでいます。最近の企業社会は、女性が女性らしさを失ってまでバリバリやるという風潮はあまりないですし、私の会社もそういう感じではありません。しかし、その中で自分の主張はきちんとするし、やることはきちんとやるという器用さを備えています。これは、組織の中で揉まれてきた結果そうなるのだと思いますが、『上手だなぁ』と思わされる人が、たくさんいます。

今の学生には、もうそんな意識はあまりないかもしれませんが、「私は女だから遠慮しておきます」といった引っ込み思案や遠慮は、一切必要ありません。それはおそらく、他の会社でもそうだと思います。遠慮していても、誰もそのことに気付いてはくれません。遠慮することへの評価を期待するのは、やめたほうがいいと思います。遠慮をして舞台に立たないのではなく、「〇〇さんは、こういうところが素晴らしい。でも、こういうところがまだまだ未熟だ」と、トータルで個性を評価してもらい、「固有名詞で勝負する」時代だということです。これが、結論として一番言いたいことです。

第二節　どんな人が評価されるの？

◎女性差別は跳ね返せる

　ここで改めて、「女性差別はまだあるのか？」という点にフォーカスしてお話ししたいと思います。先ほど述べた例のように、企業社会で意識的に差別するタイプの方はかなり少なくなったと思いますが、「何となく」の女性差別は、まだ残っています。それは悪意によってとか、あるいは意識的に区別しているのではなくて、気分的なことがすごく支配していると感じています。例えば、ある女性Aさんが、新入社員として上司Bさんの下に配属されたとします。この上司Bさんが男性で、少し古いタイプのおじさんだったとすると、「今度の新しいプロジェクトの担当者を誰にしようかな？」と思ったときに、女性であるAさんのことは「何となく」目に入らずに、男性の新入社員C君を選ぶということが起こってしまいます。「じゃあ、C君、今日得意先にちょっと一緒に行ってよ。新しいプロジェクトの相談だから。君を担当にするからさ」という感じです。その瞬間、上司Bさんはもう一方の新入社員Aさんのことを「何となく」視野に入れていない、といったことが起こり得るのです。そして、そういう「何となく」なことが度重なりますと、Aさんは、「なぜ私を選ばないの？」と傷つくかもしれません。とても小さなできごとですが、そういうことは、まだあちこちにあると思います。

けれども、これは上司Bさんにしてみれば、あまり考えずに軽い気持ちで選択しているところがあって、気が付いたらその瞬間には彼は反省するだろうと思います。あまり罪の意識のない話です。とはいえ、それが積もると、Aさんとしては結構落ち込んでしまう。こういった「無意識がもたらすギャップ」による摩擦は、まだあり得ます。そういうときにどう対処していくのかといえば、時間はかかりますが、やはり自分というブランドや固有名詞を大事にして顔を売っていき、選んでもらえるようになることしかないと思います。根強く残っている「気分的な」女性差別を打ち破っていくには、やはり自分なりの知識や知見、説得力を蓄積して、チャンスをとらえて力を発揮し、見せていくことだと思います。

「私は選ばれていないな」とか、「何かプロジェクトをやるといっても、何となく外されてしまうな」と思ったなら、それは外から見た自分が特別輝いた存在にはなっていない、一〇人いれば一〇分の一の個人に過ぎない状態である（本来の能力がどうかは別として）、少なくとも周りはそう評価している、と解釈してください。

これは、男性についても同じことが言えると思います。「俺は同期のあいつに比べて、なかなか選ばれない。ちょっとつらいな」ということが起こるかもしれませんが、それは、自分というブランドの力が弱い、固有名詞で勝負できていない、少なくとも周りからはそう見えていない、ということです。そういうときは、自分を磨くことになおいっそう注力するしかないと思います。そして、しばらくして自分が上司になったときにはどう考えたらいいか？　もちろん、その逆をやることです。一〇年、二〇年経って、やがて会社の中で上司になった場合は、部下一人ひとりの人権を尊重していかないといけないですし、部下の機会の均等に気を配る上司にならなければならないのです。

◎気配り上手が評価される

話は少し変わりますが、社会人として生きていくときには、相手を思いやる心が大事です。企業内の評価というのは、自分の周りの関係者を思いやることができるか否かで八割ぐらい決まってしまうのではないでしょうか。例えば、とても簡単な例ですが、外部のD社に手伝ってもらう作業が予定されていたものの、そのスケジュールが急に変更になってしまい、関係者に集まってもらう必要がなくなってしまったとします。そこで上司から「関係者全員に中止の連絡をしてほしい」と指示を受けたときに、社内の関係者には全部連絡したけれども、外部企業であるD社には連絡することを忘れていた。その結果、D社に迷惑をかけてしまう事態が発生してしまった。……かなり単純な例ですが、結構あるんですよね。新入社員が最初に任されるのは、そういう連絡の仕事などが多かったりしますが、つい抜けてしまったりするものです。そういうミスは、多くの場合、無意識がもたらすものです。仕事を任されたら、無意識に認識していることを有意識に転換しておくことが大事です。常に関係者全方位へ気を配る心構えが求められます。

また、任された仕事だけをやるのではなく、自発的に行動することも大事です。会議があれば、その会議のための資料を事前に作っておくとか、会議中にみんなのお茶がなくなってしまったら注ぎ足しに回るとか。学生生活ではそんなことはあまり考えませんが、社会では相手の立場や心身のコンディションにも配慮する目配りや気配りが大事ですので、念頭に入れておくといいと思います。

私はIR活動のために役員や上司と一緒に外を回ることも多いのですが、ミーティングが数時間続くとのどが渇いてしまって、話すのが大変になってきます。疲労もたまります。私はそういう場合に備えて、役員や上司の分のミネラルウォーターを、必ず持つようにしています。こういう気遣いは、人によっていろいろなバリエーションがありますから、社会人に聞くと参考になると思いますよ。

◎今の仕事を続けることの意味

社会人生活の中では、苦しいことや辛いことはそれ相応に出てきます。そういうときは、「この会社を選んでよかったんだろうか」とか、「もっと他に合っている仕事があるんじゃないだろうか」など、現状を否定して「他の何か」を探したくなります。そして、転職しようと思うわけです。

それが必ずしも間違っているわけではありませんが、そういう苦しいときの考え方の一つとして、尊敬できる上司を見つけておくことをお勧めします。信じられる上司、尊敬できる上司がいれば、辛い状況の中で「自分の職場が今大変な状態だとしても、この上司はこのようにして頑張っていて、この状況下でも輝いて見える」のであれば、まだその職場で学べることが残っているということではないでしょうか。そういう人について行くのも、一つの考えです。

自分のやりたいことを職業にするのはとても正しい幸せな選択で、そのように、好きでたまらない仕事に無我夢中で向き合っている時間が続くのは、とても幸せなことです。その中であっても、困難な状況に向き合わざるを得ないことが、時にはあると思います。世の中は思いどおりにはいきません。しかし、仕事というのは積み重ねで、楽しく充実した仕事を目指していれば、やがてそこにたどり着くものです。また、仕事というのは最初から皆さん一人ひとりにカスタマイズされて用意されているわけではありませんから、自分でつかみ取っていかないといけません。

私は、仕事は楽しくやるべきだと思っています。もともとのんびり屋の学生だった私が長い間継続して仕事をしてこられたのは、やはり仕事が楽しかったからです。どんな形にせよ、仕事は一生持っていたいと思います。

私がこのような話をしますと、主に女子学生の方が、あとでこっそり質問に来られます。いろいろな質問がありますが、一番多いのは「結婚との両立はどうしているのですか?」という質問です。やはり、女性にとってはそれが大きな関心事であり続けているようですね。例えば、自分は仕事生活を続けたいと思っているけれども、好きな人ができて結婚しようかどうしようかと悩んだりすると思います。そういうとき大切なのは、相手が、皆さんが仕事生活をするという選択（あるいは仕事をしないという選択）を、あるいはその結論に至るまでの考え方を、理解してくれる人かどうかということです。これは男性のほうから見ても同じで、男性にだって「仕事をしない」という選択肢があるのですから、男女を問わず、です。けれども、実際は夫婦二人で生活するときに収入がないととても大変ですから、二人でどうするかをちゃんと相談することが大事ですよね、という当たり前の話です。「働くこと」、「働かないこと」を男女の区別なくちゃんと話し合える人を伴侶として選ぶのが、一番いいと思います。

◎大切にしている新聞記事を紹介

最後に、ジェンダーフリー（男女平等）には全然関係なく、一つの記事をご参考まで皆さんにご紹介しておきたいと思います。一九九五年に『日経金融新聞』に掲載されたコラムなのですが、切り抜いて今も持っています。ときどき文章を読み返して、自分が拠って立つべき「軸」みたいなものを考えたり、確かめたりします。金融関係の方が読むことを想定して書かれていますが、少し前のものなので、現在読むと、部分的に『不適切では？』と思われる表現も含まれていますが、原文通りここで紹介したいと思います。

香港在住のYさんが日本を覆う金融大不況を憂える手紙を送ってきた。以下は日本を離れて日本人を観察したエッセンスの抜粋である。

「先を読むように訓練されていない。リスクを取り、挑戦することが認められていないのか、初めからしない。個人が自分の責任で生きる覚悟ができておらず、会社組織も合議制から出ていない。経済・金融のサイクルとは別物の会計制度や決算期に合わせた思考ができあがっている。経済・産業のダイナミズムを頭と体で捕らえていない。自分や周囲の人事考課、異動に捕らわれ、心ここに在らざる日常生活になっている」

「情報の収集に本腰を入れておらず、入手した情報の価値も見えていない。得られた情報を自分の手柄にするが、他者に与えることはしない。金融・サービスのベースになる精神文化は特殊で、国際的な土俵に乗りにくい。外国語（特に英語）による意思や判断の客観性ある表現力で、アジアの人々にも遅れている」

「日本人サラリーマンの欠陥を外国人は見抜いているが、失礼になるから言わないだけだ。日本人は幼いころから人間本来の内なる創造性に没頭する精神的風土がない。他者が気付かぬ直観やアイデアに没頭するところからしか創造は生まれないが、干渉や配慮、既成の価値が優先する」

「人間精神の在りようから変えていかねば欧米並みの運用者は生まれにくいだろうし、それはファンドマネジャーに限らずあらゆる分野に言える。閉塞《へいそく》状況から脱却する日本の転換は、気の遠くなるような時間を必要とすると言わざるを得ない」

手紙を読み終えて改めて考えた。日本の課題は人間の解放、精神と社会システムの市民革命である。自立した人間の存在があって、自由競争、市場原理が社会のルールになり得るとすれば、日本に本当の意味で規制緩和の流れや自己責任原則を定着させるには「革命」に似た混乱を覚悟せざるを得ない。

（『日経金融新聞』一九九五年八月一五日、「複眼独眼」）

日本人の精神性を課題ととらえた文章です。このときから見ると状況は少しずつ変わってきていますが、それでもまだうなずきたくなる箇所がところどころあります。環境の良し悪しやタイミング……、外生的な要因はありつつも、個人個人の気持ちのありようとしては、「私は何者なのか」、「どうなりたいのか」、「自分にはスキルがあるか」、「自分は創造性を存分に発揮する用意ができているのか」といったことを考え、悩みながらも、自分を常に磨いていかないといけない。これを読むたびに、そういうことを考えさせられます。

第四章

幸せな結婚もキャリアもほしい、欲張りな貴女に贈る私の奮闘記

山崎こずえ
ジュエリンズ株式会社代表取締役

一九七一年横浜市生まれ。一九九五年一橋大学商学部経営学科を卒業、金融機関に入社。二〇〇〇年中国へ単身語学留学し、四カ月で中国語を話せるようになる。二〇〇一年上海の日本語学校で教鞭を執り、校内最多の受講希望生徒数を記録、「伝説の教師」と呼ばれる。二〇〇二年単身アメリカ・ヨーロッパを周った後、上海へ戻り結婚。二〇〇三年帰国。商社で中国貿易と通訳を担当する。二〇〇五年ジュエリンズ設立。現在は会社経営のほか、講演や執筆なども行う。二〇一〇年一月、子どもの耳と感性と語学脳を育む、日本初の本格的な中国語CDソングブック『中国語でうたおう　きらきら星』を発売。ついに念願の子ども教育事業をスタートさせる。中国語教師・児童英語教師・日本語教師。

第一節　起業に至るまでの道のり

◎「手に職」をつけるための留学

私は大学を出て日本生命に総合職として入りました。日本生命を選んだのは、当時の金融機関では珍しいくらい女性総合職を多く採用し、活用していたからです。もっとも、本社では活用が進んでいたものの、支社ではこれからという時期で、私が配属された支社もそうでした。当時は初めてやって来た女性総合職（私）をどう扱ったらいいか、上司や同僚も手探りしていた時代でした。例えば、配属後すぐに上司たちが、「一般職女性の制服が余っているけど、着る?」とか、「お昼は誰と一緒に食べる?」などと聞いてくれました。私は正直、そんな小さいことはまったく気にしていなかったのですが、周りのほうがとまどっているような状況でした。

あるときは「総合職だから」という理由で男性同様に力仕事を任され、あるときは「女性だから」という理由でお茶くみ当番に入れられ……という扱われ方に矛盾を感じたこともありましたが、それで不満を言ったりしたら「やっぱり女性の総合職は扱いにくい」と思われかねません。また、そんなふうに思われたら『後輩の女の子たちが採用してもらえなくなってしまう』という思いもあり、頑張って働きました。そして残業もいとわず三年間夢中に働いたおかげで、上司から評価され、異動の前には国際系の部署に推薦してもらえました。

ところが、実際に配属されたのは、内定していたのとはまったく違う、情報システム部。実は、私が最も希望していなかった部署だったのです。さらに、そうなった経緯まで（幸か不幸か）偶然聞いてしまい、内心とてもショックでした。それでも、これも何かのご縁だと思い、二年間働いていい経験を積むことができました。

ただ、その頃から、『何かが違う』と思い始めました。つまり、自分がする仕事の内容や働く場所を自分で決められないということに、違和感を覚え始めたのです。もちろん、会社にいる限り百％自分の思いどおりにいくわけはなく、ある程度の〝ズレ〟は仕方がないと思います。それでも、これほどまでに自分のことを自分で決められないのはおかしいな、と思い始めたのです。

そこで転職を考え始めたのですが、当時の日本の社会で女性が転職するには、やはり「手に職」が必要だと思いました。また、私は職人に憧れていた部分もあったので、どこへ行っても一生食べていかれるスキルを身につけよう、と決めました。もっとも、「一生そのスキルで食べていく」ということは、「一生そのことを勉強し続けなければならない」ということなので、だとしたら、『「一生学び続けても嫌にならないくらい好きなもの」じゃないと続かないな』と思いました。

そして、働きながら八カ月間悩んで考えた末、私は昔から英語が大好きで、「語学なら一生勉強し続けられる」ということに気付きました。ただ、当時の私はすでに二八歳、留学したら二九歳、帰国して三〇歳過ぎ……なので、果たして英語で食べていかれるかどうか、不安でした。そこで、『食べていかれそうな外国語は何だろう？』と考えた結果、当時まだ学習者が少なく、これからニーズが増えそうな中国語を選んだのです。そして、ちょうど五年で日本生命を辞め、中国へ行くことを決意しました。

まず二〇〇〇年五月に北京へ行き、一カ月の短期留学をしました。当時中国へ行く人がまだ少なかったことや、私が会社を辞めてフリーで行ったことなどから、母親がとても心配していました。九月には上海へ渡り、本格的な留学生活が始まりました。最初はとても苦労しましたが、猛勉強したおかげで、中国へ行ってから約四カ月で話せるようになりました。

その後、運よく日本語教師の仕事が見つかり、生活は安定してきました。日本語教師の仕事は本当に楽しく、自分に向いていて、まさに私の「天職」でした。そこでこの仕事を続けるために滞在期間（もともとは一年間の予定）を延長し、結局二年以上も上海に住んでいました。

二〇〇二年の冬には、七歳年下の上海人男性と結婚しました。正直なところ、まさか中国人と結婚するなんて、渡航前は夢にも思っていませんでした。自分のことながら、世の中は本当に何が起こるかわからないと、つくづく思います。結婚後は上海で暮らす予定でしたが、事情があって二〇〇三年四月に日本へ帰ることになり、その後、夫も中国の仕事を辞めて日本へ来ました。

◎中国語以外に〝売り〟がない転職活動

私は日本でも語学教師の仕事を続けたいと思っていました。特に子どもが大好きだったので、今度は子どもに教えたいと思いました。ところが調べてみると、当時の語学教師の手取りは月約一三～一五万円で、夫婦二人で生活するには足りませんでした。

また、夫は上海の仕事を辞めて日本へ来るので、いつ仕事が見つかるかわかりません。しかも当時の私たちの貯金は一万元。これは中国では百万円くらいの価値があったのですが、日本円に直すとたったの一五万円でしたから、本当にお金がありませんでした。

そこで、まずはお金を稼ぐため、もっと収入のいい仕事を探すことにしました。私はビジネスレベルの中国語ができたので、それを活かして商社で貿易の仕事をしたいと思いました。けれども日本での転職は初めてだったので、何から手を着けていいかわかりません。友人に相談したところ、「人材バンクに登録しておくと、仕事を紹介してもらえるよ」と教えてくれました。そこで早速登録すると、「あなたに合った仕事を紹介しますので、事務所に来てください」と連絡があり、履歴書を持って出かけました。

ところが、私の日本での最終職歴が金融機関の情報システム部だったので、カウンセラーは私がその仕事をしたいのだと勘違いし、キャリア人事の話をしてくれました。けれども私はまったく違う仕事を望んでいたので、そう話すと、カウンセラーの表情が一瞬で変わり、「あなたの年齢で、女性で、既婚で、商社の仕事が未経験だったら、紹介できる仕事は一件もありません！」と言い放ちました。そして、いきなり自分の書類や荷物をまとめ、「どうも失礼しました」と言って、部屋から出て行ってしまったのです。

私は唖然としましたが、そのときにわかったのは、人材バンクは私たち求職者に対して「あなたのパートナーとして、あなたに合った仕事を探します」と言いながら、実際にはクライアント企業の顔だけ見て仕事をしているということでした。今思えば当たり前の話ですが、当時はそんなあからさまな態度を目の当たりにしたことが、とてもショックでした。

つまり、私のような未経験者は、人材バンクが企業にお薦めできる人材ではないのです。結局、私の〝売り〟は、中国語ができるということだけでした。

◎常識に囚われすぎない

そこで私は自力で商社の仕事を探そうと思い、友人に相談すると、「だったら、リクナビで探すといいよ」と言われました。海外にいた私はリクナビを知りませんでしたので、はじめは「陸ナビ」＝地図か旅行ガイドと勘違いしましたが、早速「リクナビ」を検索し、さらにキーワードに「中国語」と入れると、求人一覧が出てきました。その中に行きたいと思う商社があったのですが、よく見ると「中国との貿易をやっています。営業を募集しています。しかし中国語はできなくても構いません」と書いてありました。「中国語はできなくても構いません」の部分にキーワードが引っかかったんですね。私は『なんだ、中国語は要らないのかぁ』と思いましたが、その会社自体に魅力を感じたので、アプローチしてみることにしました。ただ、年齢条件が「三〇歳くらいまで」と書いてあったので、三二歳の私はちょっと焦りました。そこで人事部に電話をし、「済みません、三二歳なんですが、大丈夫でしょうか？」と聞いたところ、思いのほか「いいですよ」とあっさり言われたので、ホッとしました。そして面接を受けたらその場で気に入ってもらえ、すぐに採用通知をいただきました。

ここで言いたいのは、世間の常識（だと思われているもの）に囚われず、思い切ってチャレンジしてみたほうがいいということです。例えば、人材バンクの人が言っていた「三二歳の既婚女性で未経験だったら、商社の仕事なんかない」というのは、当時の世間の常識だったのかもしれません。けれども、そういう常識に囚われて諦めてしまったら、私は商社で働くことができませんでした。したがって、世間一般で「こういうものだ」と思われていても、自分のやりたいことがあったら思い切ってやってみる、というチャレンジ精神を持つほうがいいと思います。

これから就職活動をする学生の皆さんも、一社目で決まるとは限りませんし、何社も断られるかもしれません。周りが自分より早く決まると、焦って落ち込むこともありますよね。私のときは「女子の就職氷河期」と言われた年だったので、なかなか内定がもらえず、焦ってしまう人もいました。しかし、ある企業の採用試験に落ちたとしても、それは自分が否定されたのではなく、あなたを必要としている会社がほかにあるということです。したがって、もしもどこかに断られたら、それは「次へ行きなさい」という暗示なので、あまり落ち込まなくていいです。

◎働き方は生き方そのもの

転職活動をしてわかったのですが、当時「年齢は三〇歳まで」という会社がとても多く、三五歳を超えると募集はぐっと減ります。さらに四〇歳を超えると、今度は管理職としての採用になります。つまり、転職を繰り返してキャリア探しができるのも、日本の現状では三五歳くらいまでのようです。したがって、どこかに勤めて働きたいと思っているなら、遅くとも三五歳くらいまでには、自分が何をしてどう働いていくかという方向性を決められるといいと思います。

また、働き方は自分の生き方そのものです。どんなスタンスで、何をして働いていくか、自分が何をして食べていくかは、自分の生き方を決めることにほかなりません。

基本的に働くことはお金を得る手段ですから、プライベートとは別だと割り切る考え方もあります。とはいえ、人は起きている時間の大部分は働いていて、その大部分の時間のために、自分のエネルギーや能力をたくさん使っています。したがって、それが自分の生き方や信念、目指しているものと大きく乖離《かいり》していると、ハッピーな毎日を送るのは難しいと思います。

◎焦らずにチャンスを待つ

夫は二〇〇三年七月に日本へ来ましたが、正社員の仕事が見つかったのは八カ月後でした。非常に頭が良く、日本語も流暢で、経験も能力もありましたが、家がとても貧しかったため大学へ進学することができず、高い学歴がありませんでした。そのためか、履歴書を送っても面接に呼ばれない日々が続きました。面接に呼ばれなければ、自分の魅力を伝えることもできません。

夫が精神的に苦しい毎日を送る一方、私は毎月のように中国へ出張し、夫婦すれ違いが多く、喧嘩《けんか》も絶えませんでした。けれども、辛抱強く頑張ったおかげで、夫も希望の職に就くことができました（その後は能力を高く評価されて重要なポジションに就き、やりがいを持って働いています）。それから生活も安定し、夫婦喧嘩も激減し、さらに一年後の二〇〇五年四月、私はジュエリンズという会社を設立しました。

会社設立のきっかけは、ある教材に出会ったことです。以前から『日本にはあまりいい中国語の教材がないな』と思っていた私は、二〇〇五年二月に上海の書店でとてもいい教材を見つけ、『これを輸入して売りたい』と思いました。そこで、版元である上海の出版社をその足で訪ねてみましたが、旧正月で休みでした。

そこでとりあえず二セット購入し、帰国してからよくよく見ると、著者はなんと、私がかつて働いていた日本語学校の同僚の先生でした。すぐに学校のホームページを検索し、その先生がいる校舎の電話番号を調べて連絡しました。先生は私のことをよく覚えていませんでしたが、熱心に説明したら話をわかってくれ、出版社の人を紹介してくれました。そして、ほかよりも安い価格で購入できることになりました。私は輸送費の単価を下げるため、まず二百セットまとめて輸入することにしました。

同時に、「せっかくいい教材があるのだから、これを使って中国語スクールをやろう」と思い立ちました。個人でやるという手もありましたが、海外企業と取引するなら法人のほうが信用されやすいと考え、法人化しました。

余談ですが、起業志望の女性から、「最初から法人化するべきか、それとも個人で始めるべきか」という質問をよく受けます。もちろん、どちらがいいかは一概に言えませんが、私の知り合いに、長年ずっと個人でやってきたあと、法人化した人たちがいます。彼女たちの話によると、それまでとまったく同じ人間がまったく同じことをやっているのに、法人化した途端に取引先が増えたりしたそうです。つまり、会社があることで社会的信用を得られる、ということです。世の中は面白いですね（ただ、法人化にも一長一短ありますし、個人で活躍している人もたくさんいるので、私は法人化をお勧めしているわけではありません。念のため）。

私はこのような経緯で起業しましたが、その教材と出会ったことで、突然〝起業〟が浮かんできたのかというと、そうではありません。実はずっと前から、『将来は独立して何かやりたいな』と、頭の片隅で思っていたのです。その気持ちが徐々に顕在化してきたのは、社会人四年目の頃でした。もっとも、自分で何かしたいという気持ちはあっても、具体的なプランはまだありませんでした。アイディアはいくつも浮かびましたが、それらを検証してみると、すでに大きな会社が同様なサービスを提供していたり、自分には力不足だったりして、私がやるのは難しいという結論に達しました。そして、またアイディアが浮かび、検証しては消え、また浮かんで検証しては消え……ということを何度も繰り返していました。ところがこの中国語スクールのときは、検証しても自分の中でＯＫが出たので、始めることにしました。

起業に限らず、皆さんも自分で何かを選択・決断しなければならないときに、答えがなかなか出なかったり、アイディアがなかなか浮かばなかったりすることがありますよね。それはまるで、真っ暗なトンネルの中を歩いていて、出口がいっこうに見えないような状態ですね。そんなときはとてもモヤモヤ、イライラしますが、ものごとにはタイミングというものがあります。したがって、もしモヤモヤする時期が続いても、決して焦る必要はありません。しかるべき時期がくれば、自然に出口が見えてくるし、チャンスもやってきます。

では、焦る代わりに何をすればいいかというと、先を急ぐのではなく、答えやチャンスがめぐってきたときに、ちゃんとそれに気付いてしっかりつかめるよう、日頃から感性を磨き、意識を高めておくことです。チャンスは誰にでも平等にめぐってくるはずですが、それをつかめない人が多いのです。私の場合は、独立して自分で何かしたいという気持ちが顕在化してから五年以上たって、やっと実現しました。つまり、私にとってはその時期が、しかるべきタイミングだったんですね。

◎答えを見つけるための近道

「自分は何がしたいのか（何をするべきなのか／何ができるのか）わからない」と言って、長い間さまよってしまう人たちもいますが、自分探しの旅を長く続けても、なかなか答えは見つかりません。逆に、今、目の前にあることを一生懸命やっていると、不思議と次への扉が開き、光が射してくるものです。したがって、考えても考えても答えが見つからないときは、とりあえず今できることを一生懸命やってみるのもいいと思います。それ自体は自分の理想とは違うかもしれないけれども、そうしているうちに、答えに少しずつ近づけることがあります。遠回りなように見えて、意外とそれが近道だったりするのです。

第二節　試行錯誤の会社経営

◎手探りの起業

起業の話に戻ります。私には大きな資金もなく、また、それまでの仕事はまったく違うものだったので、まさに〝ゼロ〟からのスタートでした。

スクールなので、最初は教室を持ちたいと思いました（実は、自分の教室やお店を持つことが私の夢の一つでした）が、そんなお金はありませんでした。もちろん、人によってはビジネスのために借金をする人もいますが、私は性格上、借金はしたくないと思いました。そこで、少ない資金でもできる仕組みはないかと考え、教師をカフェや会社や自宅に派遣するシステムを思いつきました。今でこそこのシステムはよくあり、中国語にも多くの企業が参入していますが、当時は首都圏では私の会社以外にもう一社くらいしかなく、その会社も三カ月前にできたばかりでした。

このように、資金が少なかったのと、同業他社がほとんどいなかったのでこのシステムを採用しましたが、それが結果的に功を奏しました。〝お金がない、できない〟というとネガティブなイメージがありますが、そんな状況も発想の転換によってチャンスに変わることがあります。

起業してからいろいろと悩んでいた私に、昔お世話になった上司が、「打つ手は無限」という言葉を贈ってくれました。その元上司は長年勤めた会社を辞めて五〇代で起業し、年商数億円の会社を築いた人です。その人が言うように「打つ手は無限」にあるので、皆さんが将来もし壁にぶつかっても、諦めず、どういう手があるかを考えてみるといいと思います。

スクールの教師は、中国人留学生から募集しました。彼らはとても勤勉で、優秀な人は日本語も上手です。ただ、留学生といってもいろいろな人がいます。大部分の人は真面目に勉強していますが、中にはそうでない人たちもいます。そこで私は、著名な大学の国際交流センターへ直接出向き、担当者に事情を話し、「募集広告を出させてほしい」とお願いして回りました。

面白かったのは、大学によって反応が大きく異なったことです。例えば、「中国からの留学生には苦学生が多いので、少しでもアルバイトのチャンスをあげたい」という熱心な大学もあれば、露骨に嫌な顔をされ、門前払いされた大学もありました。もちろん私は食い下がりましたが、何を言っても何かしら理由をつけられ、断られました。私の会社が小さくて無名だったからでしょうか。とても悔しい思いをしましたが、好意的ないくつかの大学が募集広告を出させてくれたので、徐々に教師が増えていきました。

生徒の募集は、主にホームページで行おうと思いました。ホームページを作るにもまとまったお金が要りますが、システムエンジニアだった大学時代の友人に力を借りました。「持つべきものは友」という言葉もありますが、彼女の好意により、破格の値段で作ってもらえました。また、事務所を借りることはせず、自宅のリビングをオフィスにしました。いわゆるSOHO（在宅ワーク）という形です。

このように、私の場合は最初にあまりお金をかけず、小さく始めて徐々に大きくする方法を選びましたが、どのように会社をスタートさせるかには、個人差があります。中には（特に男性に多いのですが）、「起業家は借金してなんぼ」という考え方の人もいます。

もちろん、どちらがいいとか悪いとかという話ではないので、自分の性格や状況に合ったやり方を選べばいいと思います。ただ、私の知る限り、女性の経営者には、小さく始めて徐々に大きくする道を選んでいる人が多いように思われます。

◎いきなりトラブル

さて、教材を上海から輸入する話に戻ります。人間関係があったので輸入まではスムーズに進み、二百セットの教材が自宅に届きました（代金はこちらのリスクで先に支払っていました）。ところが、最初からそんなに順調にいくほど甘くはありません。なんと、届いた教材は不良品だらけで、その数は二百セットのうち一九九（！）もありました。当時、中国製品のクオリティは今よりもっと低く、それに慣れていた私は『やっぱりか……』と思いました。

一番多かった不良の内容は、おそらく製本マシンの性能が低いせいで、紙を綴じる際に折り目がついてしまったことです。表面的には普通に見えますが、側面からよく見ると、折り目がわかります。折れて綴じられているので、一枚目をめくるときに二枚目が引っかかり、うまくめくれません。ただ、そういう状態の商品は日本では売れませんが、中国では売れます。初めてめくるときはちょっと面倒でも、印刷はきちんとしてあるので、一度めくってしまえば問題なく読めるからです。

また、梱包もひどくて、箱が壊れていたり、本の表面がうっすら汚れていたりしました。中国では商品として売れる程度のものでしたが、日本の消費者は少し汚れているだけでも買ってくれません。例えば、本屋で平積みになっている本も、一番上の本はあまり取らず、下のほうからきれいな本を選んで取るくらいですね。

私にとっては、そういった文化の違いが一番厄介でした。中国側と交渉し、中国の負担で全品取り替えてほしいと思っていましたが、日本では不良品でも、中国では商品として認められるものです。それをどうやって理解してもらうかが問題でした。しかし、知り合いからの紹介だったこともあり、上海の出版社は誠実に対応してくれ、運よく先方の負担ですべて交換してもらえました。したがって、こちらには新たな費用負担は生じませんでしたが、二百セットをまた印刷・製本して船で送ってくることになったので、一カ月半という時間をロスしました。

会社は二〇〇五年四月に設立したものの、スクール事業を始められたのは、結局、六月の終わりでした。この空白の期間が、精神的にとてもつらかったです。

◎相手にされない日々

会社を設立してから、まずは「ジュエリンズ」という社名を一人でも多くの人に知ってもらおうと、積極的に外へ出て名刺を配りました。例えば、ビッグサイトの学習書フェアへ一人で行って、大勢の人と名刺を交換したりしました。ところが、無名の会社なので、人々の反応がとても冷たいのです。かつて日本生命で働いていた頃は「あ、日生さんね」という感じでしたが、ジュエリンズの名刺を持っていっても、まったく相手にされません。自分が昔いかに会社の名前で仕事をしていたのか、痛感しました。会社の中にいるとそのことに気付かず、自分で何でもできるような気になってしまうことがあると思います。しかし、それはとんでもない勘違いです。『会社の名刺があったからこそ、人が自分と話をしてくれていたんだな』と、心から思いました。

当時、何よりつらかったことは、お客さんがまったく来なかったことです。ホームページを作ったものの、問い合わせはまったくありませんでした。そこで広告を展開しようと思い、ヤフーのスポンサーサイトになりました。あるキーワードで検索すると、スポンサー欄に自社のサイトが紹介され、クリックされやすくなる仕組みです。ところが、結果的にお金ばかりかかり、問い合わせはまったくありませんでした。また、ちょうどその頃フリーペーパーの営業が来たので、広告を載せてみましたが、結果はダメでした。結局、初年度に使った広告費数十万円は、まさにドブに捨てたも同然でした。当時のジュエリンズにとって数十万円は非常に大きく、痛かったのですが、それは自分の勉強不足によるものであり、自業自得でした。

幸い、私には夫がいるので衣食住には困りませんでしたが、私自身の収入がまったくないことがとてもつらく、会社経営と並行して半年間ほど家庭教師のアルバイトをしました（「家庭教師のトライ」に登録し、大学一年生たちと並んで採用テストを受けました。数学に苦戦したものの、何とか無事合格）。二人の受験生を担当しましたが、初めての面談の日、お父さんから「先生、三四歳ですよね？　勉強、覚えているんですか？」と不安そうに聞かれました。そりゃあ、お父さんが不安になるのも当然ですよね。結果的に二人とも志望校に受かり、子どもにも両親にも大変喜ばれましたが、私の本業は会社経営なので、忸怩《じくじ》たる思いはありました。

◎逆境をチャンスにつなげる

つらかったことは、ほかにもあります。会社設立当初、私の仕事を周囲にあまり理解してもらえなかったことです。みんなもっと応援してくれるものかと思いきや、そうではありませんでした。というのも、私が会社を設立した二〇〇五年四月から中国全土で反日デモが起こり、当時の日本人の対中国感情が最悪だったからです。友人に「中国語スクールを始めたんだ」と言うと、「え、何で中国語なの？」というような反応は少なくありませんでした。私は自分の夫が中国人だということもあり、みんなの反応にかなり落ち込みましたが、いろいろな人からネガティブなコメントをもらうたびに、日本人の中国に対するイメージを変えたいという気持ちが強くなっていきました。

確かに当時、日本のマスコミでは中国の悪い部分が多く取り沙汰されていましたが、実際はそんなに悪いところばかりではありません。中国で現地の人たちと生活してみると、温かくてお人好しな人がたくさんいることがわかります。しかし、当時のマスコミは、そういうことを滅多に報道しませんでした。そこで、こうした誤解や双方の間の溝を取り除きたいという思いは私の中でだんだん強まり、それが後のビジネスにつながっていきました。今年一月に、日本で初めての本格的な子どもの中国語ＣＤソングブック『中国語でうたおう　きらきら星』を発売しましたが、起業当初は大きな投資を嫌っていた私が数百万円かけてまでこの商品を作った理由の一つも、そこにあります（詳しくは http://www.juelins.com/kids/ をご参照ください）。

ということで、最初は周りからのネガティブなコメントに落ち込みましたが、そのおかげで今のジュエリンズがあり、今の自分があることを、時間がたってから感じています。結局、トラブルや逆境はたくさんありますが、そこから学べることもあるし、逆にチャンスにつながることもあるので、諦めず一つひとつ対処していくのがいいと思います。

◎地道な活動が成果を結ぶ

さて、集客の話に戻ります。多額の広告費をドブに捨てて懲りた私は、なるべくお金をかけずに集客できる方法を考え、二〇〇五年一〇月から毎月メールマガジン（メルマガ）を発行しました。今でこそメルマガは世間にあふれていますが、当時はまだそれほど多くありませんでした。例えば、異業種交流会などへ行くと通常二〇-三〇人と名刺を交換しますが、その人たちにメルマガを配信したのです。「まぐまぐ」（登録者全員にメルマガを同時配信するサービス。安価な契約料で手続きも簡単なので、利用者は多い）などを利用せず、直接一人ひとりにメールを送りました。

まず初回は、「先日は名刺を交換させていただき、ありがとうございました」という御礼に加え、相手と交わした話の内容などを覚えておいて、それにコメントを付けて、丁寧に送りました。これにはかなりの時間を要しますが、そうやって個別に送信すると、ほとんどの人が断らずにメルマガを受け取ってくれました。二回目からは別のソフトを使ってまとめて送れるようにしましたが、送信者名はあくまでも私の名前となるようなソフトを使いました。「まぐまぐ」などを使うと、送信者名で「まぐまぐ」からとわかってしまうので、あえて使いませんでした。

そうしてメルマガを毎月送っていると、実際には一度しか会ったことがないのに、いつの間にか長い知り合いのように思えてくることがあります。「人は七回会うと信用できるようになる」とどこかで聞いたことがありますが、私からのメルマガを毎月受け取っているうちに、私に何回も会ったような感じになるんですね。例えば、ある女性にメルマガを送って半年以上たった頃、「今度、子連れで上海に出張するんですが、どこか保育園を知りませんか？」と相談されたことがありました。それを助けてあげたことでさらに信頼され、今度は彼女がジュエリンズの商品を宣伝してくれるようになりました。たった一度しか会ったことがないのに、毎月メルマガを送ることで信頼関係が生まれ、私の営業を助けてくれるようにまでなった。お金をほとんどかけずにできるメルマガは、とてもいいツールでした（その後二〇〇九年六月まで毎月配信していました）。

もう一つ、お金をかけずにできるツールとして、二〇〇六年一月から毎日ブログを書き始めました（その後二〇〇八年一二月三一日まで一日も空けずに書きました）。今でこそブログをやっている人は大勢いますが、当時は今ほど多くありませんでした。ブログを読むことで私の〝人となり〟を知り、親しみや安心感を持ってくれ、結局お客さんになってくれた人もたくさんいます。毎日書くのは大変で、出張があったり、忙しい時期などは一週間以上日記をためてしまうこともありましたが、あとから必ずキャッチアップして、一日も欠かしませんでした。毎日書くことで「この会社はしっかり活動している、動いている会社だ」と認識され、信頼が生まれます。

小さい会社にとって、信頼をどうやって得るかは大きな課題です。例えば、「日本生命です」と言えば、それだけでみんな信用してくれます。しかし「ジュエリンズです」と言うと、「聞いたことない会社だけど、大丈夫？」と思われてしまうので、少しでも信頼を得られるよう工夫しました。

ホームページやブログやメルマガは、始めたばかりのときにはあまり効果がありませんが、時間がたち、蓄積ができることによって、ようやく効果が出てきます。したがって、ホームページを作ったばかりの頃はまったく問い合わせがなくて落ち込みましたが、ある時期から定期的に問い合わせがくるようになりました。広告費をほとんどかけなくても、継続してブログやメルマガを書き続けたことの相乗効果もあり、定期的にアクセスがあるようになりました。

さらにもう一つ工夫したのは、親しい人にモニターになってもらったことです。スクールの運営は、実際にやってみて初めて気付くことがあるのですが、生徒さんがいない状況では気付くことすらできません。そこで、信頼できる人にお願いして、無料でレッスンを受けてもらいました。

もちろん、先生の給料はちゃんと支払っていた（先生にはモニターであることを内緒にしていた）ので、そのレッスンについては赤字でしたが、それでも無料で受け続けてもらいました。すると、モニターになってくれた人がレッスンを気に入り、その後お金を払ってレッスンを受けてくれるようになり、結果的には黒字になりました。

こうして徐々にお客さんは増えていきましたが、その頃から私の中に、「自分で会社を作った以上、大きく育てなくてはいけない」という使命感が芽生えてきました。当時流行っていた起業やビジネス関係の本には年商などの額を具体的な目標に挙げているものが多く、それらの影響も受けていたと思います。ただ、個人のマンツーマンスクールだけでは、生徒さんが増えてもなかなか大きな売上にはつながりません。そこで、会社を大きくするために、法人向けの事業を始めることにしました。ところが、いつの間にか会社を大きくすることが最優先課題となり、それに囚われすぎて、自分の体の具合が悪くなっていることにも気付かないほど、取りつかれたように働いていました。

第三節　経営者に求められるもの

◎急性胃腸炎から、夫婦崩壊の危機

二〇〇六年四月のある朝、目が覚めると胃がとても痛くて、まったく起き上がれませんでした。夫の車で病院へ運ばれましたが、待合室の椅子に座っていることすらできず、床にペタンと座り込み、上半身は椅子にもたれかかっていました。そのような体勢でないと自分を支えていられないほど、激痛が走っていたのです。トイレへ行くにも車椅子に乗って押してもらわなければならず、診察室のベッドに寝かされたあとも、バケツに嘔吐し続けました。

医者からは「急性胃腸炎」だと言われました。前日の夜まで普通に人と会っていたのに、翌朝突然、そういう状態になってしまったのです。それでもまだ仕事のことが気になっていた私は、先生が検査すると言ったとき、「先生、痛み止めをください。とにかく、この痛みを止めてください！」とお願いしました。『痛みさえ止まればすぐに仕事をしたい』、『検査の結果を待っているヒマはない』と思っていたのです。すると先生が怒ってしまい、「そんなことを言っているからこうなるんだ。どのみちすぐには治らないから、今日は仕事はやめなさい！」と言われ、仕方なくその日は仕事をしませんでした。

それから五日後。たまたま入った駅前のマッサージ店で、今度は「自律神経失調症」だと言われました。実はその頃、特に首から肩、腕にかけて痛いくらい凝っていて、寝ても何をしても治らなかったので、指圧マッサージでほぐしてもらおうと思ったのです。自律神経失調症で鬱《うつ》になった友人が何人かいたので、私は自律神経失調症は鬱になるものだとばかり思っていました。ところが、「鬱になる人もいますが、精神面に出ない人は、体に出るんですよ」と言われ、初めて知り、自分がそうなっていたことに驚きました。その後調べてみると、確かに私の症状は、自律神経失調症のそれとまったく一致していました。

それでもまだ私は、同じペースで働き続けていました。生活スタイルを変えられなかったというか、何かに取りつかれたように、ずっと働いていたのです。けれども、ある日、ちょっとしたことで夫に八つ当たりをしてしまったことから、いつも温和な夫が怒ってしまい、「あんた、最近おかしいよ。売上とか数字のことばかり気にしてる。俺から見ると、会社がおかしな方向に行ってるよ！」と言われました。そして、「このままじゃ、夫婦崩壊だよ」とも……。

その頃の私は、会社のことばかり考えていて、いつの間にか、もっと大切なものをないがしろにしていました。夫が帰宅してもゆっくり会話することもなく、ずっと机に向かっていました。また、売上の数字ばかり見ていたのがかえって良くなかったのか、会社の経営も良い方向へ進んではいなかったのです。ところが、夢中だった私は、そのことに気付きませんでした。

その日の夜、夫とゆっくり話し合い、自分の働き方を大きく見直すことができました。

その後、夫や親しい友人たちに相談に乗ってもらいながら、自分がどんな経営をするべきか、どんな経営者であるべきかに、少しずつ気付いていきました。

◎自分を知ると幸せになれる

そんな矢先、友人の占い師に四柱推命（生年月日と時刻で占う）で見てもらったところ、私には、人と競争したり、人より上に行きたいと思う、いわゆる競争心を表す「比肩」が一つもないと言われました。彼女曰く「経営者だったら『比肩』が一つくらいあったほうがいい」らし

いのですが、私には一つもなかったのです。代わりに私が持っていたのは、「お人好し」、「義理人情に厚い」、「正義感が強い」、「個性派で自由」、「楽天家でのんびり」など、私が考えていた〝経営者〟のイメージとは、ちょっと違ったものでした。彼女は「こずえちゃんって、経営者タイプじゃないのよねぇ」と笑っていましたが、私は内心ホッとしました。というのも、自分のそういう性格をわかってはいたものの、「経営者はこうでなくてはいけない」という思い込みから、自分に合わないことを一生懸命しようとしていたからです。

そのとき客観的に指摘されて、「これが私の生まれ持った性格だから、無理に自分を変えようとせず、自分に合った経営をすればいいんだ」と、心から思えるようになりました。

実際に私は、数字だけではどうしてもモチベーションが上がらないタイプでした。例えば、世の中には「売上をたくさん上げる」とか「お金を儲ける」ことを最優先にビジネスを選ぶ人もいます。ある知り合いの女性経営者は、「私にとってその商品が好きかどうかは関係ない。儲かるなら売る」と言っていました。そういう人たちは、自分が本当に共感できる内容でなくとも、「売れる」、「儲かる」という理由で、全力を注ぐことができるようです（もちろん、そういう人たちを否定しているわけではまったくなく、むしろ羨ましいと思っているくらいです）。けれども、私の場合はちょっと違っていて、自分が心から共感できないと、全力を注ぐことができませんでした。いろいろな人からアドバイスを受け、『こういう事業が儲かる』と思って始めてみても、私自身がやっていて楽しくなければ結果的に長続きしないし、揚句の果てには体を壊してしまいました。

ここで言いたいのは、自分を知ることが非常に大切だということです。これは仕事に限らず、人生のパートナーを選ぶときなどにも言えます。自分がどういう人間かをちゃんと知らずに選択すると、あとで悩むことになってしまいます。私も最初は間違えてしまいましたが、家族や親しい友人たちの協力もあり、自分を客観的に知り、自分に合ったやり方やペースに気付き、働き方やスタンスを変えることができました。すると面白いことに、以前のように無理して働かなくても、仕事やチャンスが舞い込んでくるようになりました。自分をよく知ると、ちゃんと自分がやるべきことを目指せるようになります。そして、しかるべき方向へ進んでいると、自然と事がうまく回っていくのです。うまくいかないときは、タイミングや運が悪いということもありますが、進んでいる方向自体が間違っている可能性もあるので、本当にこれでいいのかを見直すチャンスかもしれません。しかるべき方向へ進んでいれば、仕事もうまくいくし、築いた人間関係や経験も、プラスに働いてくれます。繰り返しますが、自分を知ることはとても大切です。

◎経営者に大切なこと

私のつたない経験から、かつ、女性という点を考慮して、経営者に必要だと思われるものを五つお話しします。

まず、「感性や感覚を磨くこと」。例えば、今、世の中はどういう方向に動いているのか、自分には何が求められているのか、などに気付く感性です。

次に、「人に可愛がられること」。私はゼロから起業した経験から、自分が一人でできることなんて、ごく限られていると痛感しました。こうして今のように会社を発展・継続させることができたのも、出会った人たちにここまで押し上げてもらったからです。人との関係はとても大切ですから、人に可愛がられたほうがいいです。ある五〇代の女性経営者は、営業が苦手だと言う私に、「こずえちゃん、私、営業に必要なことは一つしかないと思うの。それは、人に可愛がられることよ」と教えてくれました。嫌いな人から物やサービスを買いたい人はいません。皆さんもぜひ、人に愛される人になってください。

それから、「人を見る目を磨くこと」。特に小さい会社は、数十万円という金額でも会社に大きく影響するので、誰と取引するか、誰に仕事を任せるかは、非常に大切です。ただ、一方で、人を見る目は経験を積まないと（つまり、ちょっとくらい失敗しないと）なかなか身に着かない、という面もあります。

これは私の失敗談ですが、ある会社から「ネットショップを始めるので、商品を提供してほしい」と言われ、販売しました。ところが、その会社の方向性（というか、経営者の気分）が突然変わり、「御社の商品を売るのをやめます」と言われました。代金はすでに支払われており、所有権はその会社に移っているので、売買は成立しています。それなのに「返品するので、返金してほしい」などと言うのは、完全に契約違反です。揚げ句の果てに、その会社は送料着払いで商品を勝手に送り返してきました。「返金しろ」と言われた上に、この仕打ちです。

私は悔しさのあまり、夫の前で泣いてしまいました。弁護士の友人に相談して裁判を起こすことも考えましたが、夫に「ちょっと待って。確かに、裁判したらうちが勝てるかもしれない。でも今、そんなことをする時間やエネルギーがあるの?」と言われました。的確な一言でした。それに、そんなことをしたら、ジュエリンズは何かあったらすぐに裁判を起こす会社だと思われてしまいます。もちろん、その会社とは縁が切れてもよかったのですが、周りの会社とはいい関係を築いていたので、悩んだ結果、泣き寝入りすることにしました。結局、余計な手数料や送料がかかってしまったけれど、その経営者の本質を見抜けなかった自分がいけないので、勉強料として涙を飲みました。

もっとも、おかしなことをする会社には、そのうち周りの会社も気付いて離れていきます。あとから思えば、最初にあの会社から離れられた私はラッキーでした。そして、ジュエリンズと他の会社とは、今でもいい関係を保っています。したがって、『裁判をしなくて本当によかった』と心から思っています。

私の知っている経営者にも、「納品したのに代金が支払われなかった」とか、「提案書を出したらアイディアだけ盗まれて、突然取引を打ち切られた」など、ひどい目に遭った人たちがたくさんいます。世の中にはいろいろな人がいるので、人を見る目はとても大切です。

「損をしてから得を取る」という考え方も重要です。日本語では「損をして得を取れ」と言いますし、英語では「ギブ・アンド・テイク」です。ギブ（与える）が先で、それからテイク

（もらう）です。このように、先に与える気持ちはとても大切です。誰かに商品を買ってもらいたいときも、いきなり売りに行くと、人は引いてしまいますよね。これは経営者でなくても言えることで、まず自分が先に与えると、長い目で見れば何倍にもなって返ってきます（もちろん、リターンを期待して与えるわけではありませんが）。ですから、ギビングな人になるといいです。

最後に、「近視眼的にならないこと」も大切です。言い方を変えると、「ものごとの本質を見ること」です。例えば、ある本の広告に、「男が二人いて、レンガを積み上げていました。通りかかった人が、二人に何をしているのか聞くと、一人は『レンガを積み上げています』と答え、もう一人は『教会を作っています』と答えました」という話が載っていました。レンガを積み上げる作業自体は同じなのに、この二人は、自分の仕事をまったく別の角度からとらえています。そして、「二人の一〇年後は、まったく違うものになった」と書かれていました。

つまり、自分が今やっている仕事は何のためなのかという、本質を見る力があったほうがいいという話です。これも経営者だけでなく、皆さんが会社に入ってからも言えることですね。特に、入社して最初の頃は瑣末な仕事が多く、嫌になってしまうことがあると思います。けれども、一見つまらなそうに見える仕事にも、きっと何か意味があるはずです。何のためにやるのかという本質をきちんと見ていれば、やっていて楽しくなるし、いい結果も出せるようになります。したがって、どんな仕事でも表面的にこなすのではなく、本質を見たほうがいいです。

同時に、ものごとを長期的に見る習慣もつけるといいでしょう。

◎経営者のいいところ、悪いところ

「経営者の仕事のやりがいは何ですか?」とよく聞かれますが、私にとっては、何をやるか、ゼロから自分で決められることです。かつて会社員だった頃も、自分はクリエイティブな仕事をしていると思っていましたが、会社の中にいる以上、会社の方針や事業内容、部署の存在意義や目的は決まっているので、今から思えば、決められた条件の中でちょっと創造性のある仕事をしていたに過ぎません。ところが、起業して経営者になると、ほぼ完全にゼロから自分で創ることになります。そう聞くと、「経営者っていいな、楽しそう」と思うかもしれませんが、本当にゼロから創るのは、とても長く苦しい仕事です。『中国語でうたおう　きらきら星』も、ゼロから創ったことや、日本に前例(類似商品)がほとんどなかったことから、一つひとつのことを決めるのにとても悩みました。あまりにも悩みすぎて、髪が細くなり、また自律神経がおかしくなりかけたくらいです(このときはマッサージ店ではなく、行きつけの美容院でそう言われました)。それでもさすがに同じ過ちは犯さず、ギリギリのところで食い止められましたが、本当にゼロから創るというのは、そのくらい大変なことなのです。

また、自分の行ったことが直接成果として返ってくることも、経営者のやりがいの一つです。

ただ、これにはいい面もありますが、怖い面もありますね。良くても悪くても、会社に入ってくるお金にダイレクトに影響しますので。

なお、仕事を取り、きちんと納品し、お客様に請求書を出せば一安心、というわけではなく、月末にはちゃんと入金されるか、いつも冷や冷やします。会社員の頃は、毎月決まった日にちゃんとお金が入っていたので、そういう面ではとてもよかったと思います。

◎日本と中国、働く女性を取り巻く環境の違い

最後に、せっかくなので、日本と中国の違いについて少しお話しします。

私が就職した頃の日本はまだ、女性は仕事と結婚のどちらを取るか、という時代でした。例えば私も、ある四〇代の男性に、「山﨑さんは総合職を選んだから、結婚は諦めているということだよね？」と言われました。今だったらひどいセクハラですが、当時はまだ平気でそんなことを言う時代でした。やりがいのある仕事も幸せな結婚も『両方ほしい！』と本気で思っていた私は、その言葉に内心びっくり、がっかりでした。

その後、私はたまたま上海の人と結婚したので、両方手に入れることができました。

中国では夫婦共働きが一般的で、家事や育児も夫婦で行います。中でも上海の男性は優しく（このことは中国国内でも有名です）、ふだんは夫が料理をする、という家庭も珍しくありません。

最近は日本の男性も優しくなってきましたが、家事をするときに「妻の仕事を手伝う」という言い方をする人が多いですね。もちろん、手伝ってくれるのは非常にありがたいし、優しいことだと思います。けれどもその言い方には、家事は基本的に女性の仕事だという考えが含まれています。一方、上海では、そもそも家事や育児は二人でやるものだと思っています。二人で食べるご飯だから、どちらかが作る。二人の子どもだから、一緒に子育てをする、という具合です。したがって、結婚や出産を理由に女性が仕事を辞めることは滅多になく、夫や親や社会のサポートを得ながら続けています。

以前、中国の女性に、「日本では、能力やキャリアのある女性が、結婚や出産を理由に仕事を辞めてしまう。すごくもったいない」と言われたことがあります。もちろん、自分の意思で辞めるならばいいのですが、「仕事を続けたいのに続けられない」というのは、大変残念な状況です。実際、日本の社会の現状は、まだサポート体制が不十分だと言わざるを得ません。

ここで言いたいのは、日本では当たり前だと思われていることが、海外へ行くとそうではないかもしれない、ということです。自分たちが「そういうものだ」と思っていても、所変わればまったく違う、ということもあります。要は、世間でいう常識なんて、広い世界では常識じゃないかもしれないのです。したがって、皆さんも将来、違う考え方を持っている人たちに反発されることがあるかもしれませんが、ぜひ信念を持って、社会で活躍してほしいと思います。

男性にとっても、奥さんが能力を活かして生き生きと働いていたら、格好いいと思いませんか？　そういう妻を持っていることを自慢できるくらい余裕のある男になって、将来のパートナーをサポートしてほしいと思います。

第五章

自己実現と男女共同参画

広岡立美／広岡守穂

石川県議会議員／中央大学法学部教授

広岡立美

石川県議会議員。一九五二年生まれ。三八歳で編集の仕事を始める。九九年、四八歳のとき石川県議会議員に初当選。ＤＶ被害者支援のシェルター活動を起こし、チャイルドライン・いしかわの立ち上げに関わった。福祉、子育て支援、男女共同参画、まちづくりなどの分野に取り組んでいる。

広岡守穂

中央大学法学部教授。一九五一年生まれ。専攻は政治学だが、現代日本の社会現象に幅広い関心を持っている。ＮＰＯ型インターネット新聞『ＪＡＮＪＡＮ』編集委員。二〇〇五年より二年間、佐賀県立女性センター・アバンセ館長を兼任。内閣府男女共同参画会議委員など公職を歴任。

第一節　専業主婦から政治家へ

◎主張し続けることが大事（この項は広岡立美、以下 立美 ）

広岡立美です。「男女共同参画社会」というテーマについて、私が石川県議会議員になってからのことを話します。結論を急げば、女性が仕事と子育てを両立させながら家族を作っていくことが、普通のことになればいいと思います。

私はずっと主婦をしていました。子育てが中心の暮らしの中で、子どもに食べさせるものや、子どもが育つ環境など、いろいろなことについて不安を持つようになっていきました。刺激の少ない粉石鹸を使ったり、添加物の少ないものを食べさせたり、農薬のかかっていない野菜を手に入れたりと、さまざまな面で子どものことを気遣ってきました。

議員になって子育てについて主張してきましたが、「広岡さんの言うことって、理想だよね」とか「それが実現したらいいけど、当分ダメでしょう」などと否定されることがほとんどでした。しかし、理想だからといって諦めていたら決して実現できません。理想社会になることを願って、私は主張を続けてきました。今、一〇年を振り返ってみて、少しずつ理想に向かって変わってきていることを実感しています。主婦であった頃の思いを主張していったことが、社会が変わっていくきっかけになったと思っています。

女性が仕事を続けていくと、生き方に悩むと思います。子どもを育てながら仕事をするか、それとも子育てに専念するかの選択を迫られることが多いのではないでしょうか。子どもが病気になったときはどうするのかというのが大きな問題で、最近では「病児保育」という制度が広まっています。

一九九八年に、「病児保育は必要だし、当然あるだろう」と思って調べましたが、石川県内には全然ありませんでした。全国を調べたら、鳥取県で小児科医の夫婦が、自分たちの仕事を続けていくために必要だということから、病児保育を始めた例がありました。「病児保育は、若いお父さん、お母さんが子育てをしながら仕事をするときに、あって当然な保育なのに、今の社会にはないのはおかしい」と、私は議会の中で主張してきました。すると、周りから「子どもが病気のときぐらい休んで看病しなきゃ。そんなことを言うあなたって、鬼みたいな母親ね」と言われました。子どもが病気になったときに、仕事を休むことができれば、安心して仕事を続けることもできますが、今の世の中の制度はそうなっていません。ですから、「そういう社会の仕組みができるまでの間、病児保育をすることで、子育てしながら働いている女性たちを、きちんとフォローしていかなくてはいけないのではないか」と主張し続けてきました。

今では、働きながら子育てをしている女性の九割が、「病児保育がほしい」と言っています。そういうふうにして、社会の方向が少しずつ変わってきました。

◎男性ばかりの視点では偏りが生じる　立美

石川県はいろいろな事業をしますが、県自身が全部の事業をするわけではなく、いろいろな会社へ委託しています。建築関係なら建築会社へ頼むわけですが、そのとき、「男女共同参画という意識を持っているかどうかも、委託の条件としては大事ではないか。他の条件が同じであれば、男女共同参画に取り組んでいる会社を委託先に選ぶべきだ。そうすることによって、地域社会が少しずつ変わっていくのではないか」と言いました。けれども、土木部の人からは、「子育てとかそういうことは土木とは全然関係ないから、そんなのおかしいよ。そんな恣意《しい》的なことはしないほうがいい。広岡さんのひいきにしている会社があるから、そこを推したいのか」と言われたりしました。議員になった直後の一九九九年のことです。

しかし、今は、男女共同参画に真剣に取り組んでいる会社に対して点数が加算される仕組みになってきました。県の方向性が少しずつ変わってきたことを感じています。

こういうやり方を、政策契約といいます。国や自治体は、地域社会がよくなるために行動しています。例えば環境問題や福祉や男女共同参画の問題に取り組んでいます。そういうとき環境問題や福祉や男女共同参画などに取り組んでいる企業、例えばＩＳＯ一四〇〇一シリーズの認証を取得したとか、法定雇用率を超えて障がい者を雇っているとか、女性の勤続年数が男性と同じくらい長いとか、そういう企業とそうでない企業とでは、前者のほうがはるかに地域社会に貢献しています。だったらそういう企業が有利になるように事業委託のルールを設定してもいいのではないかというのが、政策契約の考え方です。

何でも、男性に代わって女性がやればいいということではないと思いますが、理想の社会を作っていくためには、女性の意見も必要であり、男性の意見も必要であり、いろいろな立場の人の意見が必要ですので、男女がバランスの取れた形で、いろいろな決定の場に参画していくことが大事だと思います。

石川県は、二〇〇七年の三月二五日に、能登半島地震という大きな地震に見舞われました。とても大きな地震でしたが、亡くなった人は、不幸にも庭の灯籠の下敷きになった人が一人だけで、人的被害は小さく済みました。その後、県は「防災会議」というものを作りました。災害に備えていろいろな組織を見直し、いろんな人の意見を聞いて決めていこうということです。また、他県で大きな地震があったときに、体験した県としていろいろなことを伝えていくための準備をするという意味合いもあります。

防災会議の委員のリストを見たら、全員が男性でした。「被災者には、女性、お年寄り、赤ちゃん、障がいのある人など、いろいろな人がいるはずだから、そういう人たちの声も入れないといけないのではないか、男性ばかりというのはおかしいのではないか」と言いました。すると、「いろいろなところの代表が集まると、必然的にこうなってしまいます。一応、『なるべく女性を出してください』と言ってあるんですが」とのことでした。男性ばかりで防災会議をやることに対して、不思議にも思わない人たちが、これほど多いことに驚きました。これでは被災者の視点でものを考えることがおろそかになってしまいます。

私が主張し続けたので、最近になって、委員の増員が決まり、女性を二人増やすことになりました。「広岡さん、今度新しく委員になる人は、二人とも女性になったんですよ。広岡さんが言ってくれたから」と言われました。私が言おうと言うまいと、女性が大事だということを、もう少し感じてもらいたいと思いました。結果的に女性が入ったということで、「よかったですね」と返しました。委員に入ることになった女性は、看護師と保健師でした。よかったと思います。

「女性が子育てをほったらかしにして仕事をするのはよくない」と、比較的高齢の議員は言ったりしますが、いくらなんでもバイアスのかかった視点です。良い社会を作っていくには、子育てをしながら仕事をしているときの大変さをわかっている人の視点が不可欠です。

議員として主張してきたことを話しましたが、次に一〇年間の私を見ていて、夫の広岡守穂がどんなふうに思っていたかを話してもらいます。

◎市民感覚のある政治家を育てたい（この項は広岡守穂、以下 守穂 ）

広岡守穂です。中央大学で教授をしています。私の勤務地は東京で、妻は故郷の石川県金沢で働いています。今は別居をしています。別居すると、私の友達は「おまえ、大変だな」と心配をしてくれますが、妻の友達は「いいわね」と言っているらしいです。

一九九八年頃に、友人から私宛に、「石川県議会議員の選挙に出ないか」という打診がありました。私は自分が打診されたのと勘違いし、「とんでもない。とても議員なんか自分にはできません」と断ったら、「あんたじゃないよ。あんたの奥さんだよ」と言われました。そのとき、妻は『女なら二足のワラジ』という本を書く準備をしている頃でしたので、「妻は政治に関心のない人だから、出ないでしょう」と言って、にべもなく断りました。

家に帰って、妻に「あなたに『県議会議員に出ろ』ってさ。でも出ないよね」と言いましたら、妻は「まさか、断ったんじゃないでしょうね。私はその人に会って話を聞きたい」と言いました。それで妻は友人に詳しい話を聞きにいきました。「連合に参加している大手の労働組合でやぐらをくむ。引退する議員がいるから、その後釜に出馬してほしい。自分たちはボランティアとして、一人の市民的な感覚の政治家を育てるつもりだ」という話でした。

妻は迷っていたようですが、私は不安でした。妻の選挙ポスターが町中に張られるのかと思うとドキドキしました。実は、その何年か前に私自身が選挙に出るという話があり、妻に相談したときは「絶対だめだ」と言い切られ、諦めたことがありました。逆の立場になってみると、「ちょっと嫌だな。断ってくれたらいいいな」と思っていましたが、結局、妻は悩んだ揚句に「やりたい」という話になりました。

彼女の活動を見ていると、最初は「そんなバカなこと」みたいに鼻であしらわれる感じでしたが、ずっと主張し続けていると、だんだん時代のほうが変わってきます。正しいことを信念を持って主張し続けることが大事なのだと、つくづく思います。女性が社会の先端を行っているという意味ではありませんが、今、社会が変わろうとしているときに、少子化や高齢化の面から見ると、その変化の一番最先端を肌で感じているのが、女性です。

◎プロの政治家らしくなくていい　守穂

妻が当選したとき、私は幸せの絶頂みたいな感じでした。自分の一番大事な人が思いをかなえて当選したのですから、非常に嬉しかったです。選挙は、一つの目的に向かって大勢の人が力を合わせて頑張るわけですから、同志的なつながりを非常に深くします。

議員になると決心した妻でしたが、当選した当初は落ち込んでいました。矛盾するようですが、議員になったのはいいけれども、何をどうしたらいいかわからないという悩みを持ったようです。男性でも女性でも、まったく新しい世界に飛び込んでいくときには、誰でも不安を抱くと思います。しかし、政治の場合は、今まで政治に関係がなかった一般市民が議員になることも非常に大事です。庶民感覚でモノを言うことができます。そうすることで初めて政治は改革されていくのだと思います。

政治家が常々言う政治改革が、どことなくうさん臭く感じるのは、プロが言っているからではないでしょうか。プロの視点はもちろん不可欠ですが、同時に一般市民の視点も必要です。市民的な感覚の政治家がいなければ、民主政治は良くなりません。昨日まで主婦だった女性に、行政についての詳しい知識が求められるわけではありません。一般市民として思った通りのことを素直に発言すれば、それ自体が政治の風通しを良くするわけです。だから私は妻に対して「あなたは、ものすごく重要な役目を背負っているんだよ」と一生懸命励ましました。

しかし、人間関係って結構難しいものですね。よく「鬱《うつ》の人に対して、励ますことは一番よくない」と言います。かえって追い詰めてしまうからです。『今のままがいいんだよ。のんびりすればいい。頑張らなくていいんだよ』と言うのが、実は鬱の人にとっては一番大事だ」と言います。それと同じことで、「頑張れ」と言って励ますと、逆に追い詰めてしまうこともあります。実際、私の励ましで、最初の頃、妻は落ち込んでしまったようです。そのため、「自分たちは夫婦としてちゃんとやってきたと思うけれども、こんなに私のことがわからない人なら、もう長く夫婦関係を続けられないかもしれないと思った」とまで言われました。

それでも、妻は議員としての仕事をきちんとこなしていました。議会があるたびに、必ず質問をしていました。議員の中には四年間の任期中に一回も質問をしない人が結構いますが、妻はそういうやる気のない政治家とは違いました。毎回質問の場に立ち、また、その質問を書くために「何かいい本はないか」とか、「この問題について詳しい人はいないか」と、よく聞かれました。彼女が毎議会ごとに質問に立ったために、石川県議会は非常に活性化しました。これは彼女の功績の一つです。

◎自分の感覚を大切にして伝える　立美

私が議員になったときに一番違和感を覚えたのは、「先生」と呼ばれるようになったことです。「当選一回目の素人議員なのだから、何でも聞けばいい」と言われますが、聞けば「いや、そんなことは時間がたてばわかるよ」とかわされます。議会で質問しても、ときどき「それは広岡さんの思いであって、質問ではない」と言われました。そのうえ「議会言葉」の答弁は私にとって意味不明でした。ＮＰＯセンターの設立について質問したことがあります。お恥ずかしいことですが、知事の答弁を聞いていて、さてＮＰＯセンターを作るのか作らないのか、さっぱりわかりませんでした。ところが夜のテレビニュースで、知事はＮＰＯセンターを作ると答弁したと報道されました。これにはびっくりしました。

とにかく「社会を変えたい」という思いはあっても、どうしたら実現に移すことができるのか、正直に言うと最初は雲をつかむようでした。議員のプレッシャーで食事が取れなくなったり、有名になったことで人の目が怖くなったこともありました。そのときは自宅と議会の間を、なるべく人に会わないように下を向いて、最短距離で行き来していました。

その状態から立ち直れたのは、富山県の女性議員と出会ってからです。彼女も私と同じように悩んでいました。彼女は、私とは逆に過食症になって、どんどん食べて、前の年の服が全然入らなくなったそうです。彼女は栄養士をしていた経験があって、「議会で食のことを一生懸命アピールするけれど、取り合ってもらえない雰囲気だ」と言ってこぼしていました。同じような立場の人がいるのだと、私たちはたちまち仲良くなりました。言ってみれば「ピアカウンセリング」ですね。同じ悩みに苦しんでいるもの同士がお互いに悩みをうちあけ合って支え合うことを、ピアカウンセリングと言います。最終的に、「私たちは自分たちの感覚を大事にし続けよう。たとえはじめは相手にされなくとも、伝えていくことが大切な仕事なんだ」と話をしました。今思うと笑ってしまうことですが、そのときは涙が出てきて、二人で「頑張ろうね。このままでいいんだよ。お互いに元気がなくなったら、また会って励まし合おうね」と慰め合いました。それから私は立ち直りました。

これまで議会は男性社会でしたので、女性議員の中には私たちと同じように孤立感で悶々《もんもん》としている人が少なからずいます。そのことも、その後追い追いわかっていきました。私の場合も、議会の場には「彼女のようになりたい」というロールモデル（お手本になる人）がいませんでした。私より先に議員になった年上の女性はいますが、彼女は労働運動の中から闘士として出てきた人なので、感覚が合わない部分もあり、悩みを話したりアドバイスをもらったりできる雰囲気ではありませんでした。ロールモデルがいないというのは、実は結構大変なことです。困ったときは、県外の女性の勉強会や大きな都市での集まりなどに参加して、同じような思いの人たちと交流することにしています。そうすれば元気をもらうことができ、モチベーションが上がります。

◎一歩を踏み出してみると意外に簡単　立美

議員になってしばらくたつと、私の言い分を理解してくれる人が徐々に増えてきました。私は頼りなく見えるらしく、「頼りない広岡さんにそういうことができるのなら、もしかしたら私にもできるのではないか」と奮起してくれる人もいて、嬉しい限りです。

私はこの一〇年間、考えていることを主張し続けました。一歩を踏み出してみると、越えられない壁だと思っていたものが、意外に簡単に越えられたという思いです。何事もチャレンジしてみるべきだと思います。

また、ただ考えるだけでなく実際に行動すると、同じように思っている人がこんなにいるのだということに気付かされます。人は一人ひとり違いますから、一つのテーマについても、いろいろな取り組み方があります。他人の視点というのは大事で、私が悩んでいたことを、他の人が「こうするとうまくいくよ」と教えてくれたりすることが、結構ありました。

知人のアドバイスでうまくいったのは、県が男女共同参画推進条例を制定したときでした。このとき、まだ条例案を検討している段階で、私は担当課長や推進委員会の委員など、しかるべき人々に個別に会い、条例にどういう要素を盛り込むべきか、私の考えを説明しました。その結果、なかなか良い条例ができました。私が議員になってから言ってきた「食育」のこともそうですが、やっと社会が理解してくれたと嬉しく思います。一歩を踏み出して行動すると、壁だと思っていることがすんなり乗り越えられるということは、多々あると思います。

多くの人は、『社会はどこかおかしい』と思ったことがあると思います。それを『何でだろう』と考えてみたり、友達に話してみたりすることで、疑問がどんどん広がっていきます。社会を変えるためにも、性別を意識せずに「人」であることを意識して、普通に話し合えるようになったらいいと思います。

私たち政治家は、誰もが言いたいことを普通に言えるような社会を作っていかなければいけないと思います。世の中には「これが絶対」というものはありませんから、いろいろな意見があっていいと思います。社会というのは常に流動的ですから、いろいろなことがどんどん変わっていって当然ではないでしょうか。

◎人が二人集まれば政治が生まれる　守穂

もし『おかしい』と思っていることがあったら、そう思っているのは多分自分だけではありません。その思いを自分だけで温めておかずに、一歩を踏み出してみると、同じように思っている人が大勢います。フェミニズム運動が生み出した有名な言葉に、「個人的なことは政治的なことである」という言葉があります。自分一人が心の中でそのことを抱えていたら、それは、あくまでも個人的なことです。しかし、一歩を踏み出して思い切って発信してみると、実は同じ思いの人がたくさんいます。これが「個人的なことは政治的なこと」の意味です。

政治的なことは、公的な場所だけではなくて、夫婦や家族など、親密な間柄にもあります。「こんなことを言ったら、相手は気分を害するのではないか」と思い、ぐっと飲み込んでしまうのは、考えてみると政治的なことです。政治的な力関係に特有の現象です。

政治学では、「人間が二人集まると、そこに権力と支配が始まる」と言います。「こんなことを言ったら、相手は気分を害するのではないか」と思ってぐっと抑えてしまうことも、政治的なことです。一人ひとりが腹の中に抑えている限りはなかなか表面化しませんが、実際に言葉にしてみると、「（人間が二人集まると）権力と支配が始まる」という意味がわかってきます。

学問と政治は「変える」という点でよく似ています。学問は認識を変えていく力を持っていますが、政治は構造を変えていくために必要です。

第二節　「男だから女だから」を問い直す

◎男と女の意識の違い　守穂

私たちは、大学三年生のときに結婚しました。中学の同級生ですが、高校は別々でした。私は東京の大学に、妻は富山の大学に進学しました。帰省して故郷で偶然出会い、「久しぶりだね」と挨拶を交わした瞬間、恋の炎が燃え上がり、そのまま半年くらいで一気呵成に学生結婚を決めました。「結婚しよう」と二人で約束をして親に伝えたら、親は大反対をしました。当たり前です。気持ちはわかります。まだ学生だし、仕送りをされている身で、就職も決まっていません。非常に激しい反対でした。しかし、いくら親子でも、言っていいことと悪いことがあると思います。妻のことを好きで好きで仕方がなかったものですから、「どこの馬の骨ともわからん女」などと悪く言われると、たとえ親でも気分が悪いです。私だって「どこの馬の骨ともわからん男」です。結局、親の反対を押し切り、学生結婚に踏み切りました。

人間は、決断しなければいけないときがあると思います。私にとってはそのときでした。親の言うことを聞いていたら、今の自分はなかったと思います。しかし、半ば強引に結婚したことで親とうまくいかなくなり、仕送りが止まってしまって、稼がなくてはいけなくなりました。あの時期は、自分の人生の中で、右も左もわからない本当に不安な時期でしたが、今思い返してみると、逆に輝いていたと思います。とても不思議な時期でした。

やがて、子どもが生まれて、私はとても喜びました。『父親になったのだから、子どものためにも頑張らないといけない』という思いでいっぱいでした。妊娠や出産や育児のときは、女性の一番大変なときですから、誰かが支えなければいけません。その支えになるのは夫である私だと思いました。私が頑張らなければいけない。そこまではいいのですが、男と女ですから当然経験が違い、考え方が違っています。違うといろいろな面で調整が必要になります。先ほど使った言葉で言えば、政治です。結婚や育児は二人で作っていく一番最初の政治ということです。

二年後、二人目の子どもが生まれたあたりから、専業主婦だった妻は、「社会の風に当たりたい」、「このままでは干からびてしまうような気がする」などと、ときどき愚痴をこぼすようになりました。私は『何かしてあげなくてはいけない』と思いましたが、そのときに取った行動が、ものの見事にすれ違いを生んでいました。私が妻のためにしてあげられることは何か。私は休みの日に家族みんなで遊びに行こうと考えました。子どもを二人連れて、家族四人で動物園や公園へ遊びに行けば、良い気晴らしになるだろう。そうしたら、次の日からまた一生懸命育児ができるだろう。いわゆる「家庭サービス」とか「家族サービス」という発想です。私はそれがいいと思って、いろいろなところに遊びに行きました。

その二年後、三番目の子どもがお腹の中にいる頃に、「子どもが二人だといろいろなところに行けて楽しいけど、三人になったらそうもいかないね」と言ったことがあります。すると、彼女は返事をしませんでした。私は「これまでいろいろなところに行けて楽しかったよね。ね？」と返事を促しました。すると彼女は、意外なことに一オクターブ低い声で、「そう？」と言いました。「楽しくなかったの？」と聞いたら、「あまり楽しくなかった」と言われました。「何だかんだ言って、下の子のおしめを取り替えたりミルクを飲ませたりするのは母親である私だし、上の子はちょこまかちょこまか、あっちに行ったりこっちに行ったりする。迷子になったら大変だと思って目で追いかけていると、いつの間にかあんたがいなくなっている。帰りにファミリーレストランで食事をしても、とても食事に集中できないんだよね」と言われました。

◎私ばかりが、なぜ、こんなことをするの？　守穂

私は、驚きました。「じゃあ、どうすれば良かったの？」と聞くと、返事は「一人になりたかった」でした。「半日でも、二時間でもいいから、あんたが子どもを預かってくれて、一人にしてくれるのが一番良かった」。そう言われて、きょとんとしました。私は、お腹を痛めて産んだ赤ちゃんだから、お母さんと赤ちゃんは、一緒にいてこそ幸せだと思っていました。だから、お母さんと赤ちゃんはできるだけ一緒にいたほうがいいという感覚でした。ところが、彼女自身はずっと赤ちゃんと一緒なので、半日でも二時間でもいいから一人になりたいと思っていたのです。想像もしていなかったことだったので、これには驚きました。

そのときは、さらに追い討ちをかけられました。「そういえば、あの頃は、あなたは仕事で学校に行くでしょ。私はアパートの物干しに布団を干すでしょ。ぽんぽんと叩いてほこりを払って、特にあなたの布団は力一杯叩いて、『何で私ばっかり、こんなことをしなきゃいけないんだろう』と呪いの言葉を吐いていた」と言われました。これは本当に、男にはわからないことです。経験してみなければわからないでしょう。

そのとき私はどう思ったか。変な人だなあ、と思いました。なぜかというと、そんなに一人になりたいならば、そう言えばいいのに、それを三年も四年もじっと我慢していたからです。当時、私は大学の助手で、時間はたくさんありましたので、妻を一人にさせてあげるのは簡単なことでした。ところが、妻はそれを要求してこなかったのです。

何日か後になって、「本当に一人になりたかったの？」と恐る恐る聞きました。妻は「そうだよ」と答えました。「じゃあ、何で言わなかったの？　一人にさせてあげるのは、何でもないことだったのに」と言いました。すると彼女は怒り始めて、「何回も言っていたよ。でも、あなたは一回も耳を傾けてくれなかった。冷たい人だなと思っていたんだよ」と言われました。私は言われた記憶が一回もありませんでした。「いや、言われた記憶はない。はっきり言われなきゃわからないよ」、「はっきり言っていたよ。第一、言わなくたって、一緒に暮らしているんだもん、私がどんなに大変な思いをしているか、一番よくわかっているのはあなただよ。それなのに、見て見ぬふりをしていて、本当に冷たい」。私は茫然としました。「いや、本当に言われた記憶はない。幸せそうに見えた」と押し問答になりました。その揚句でした。彼女が「そういえば、言わなかったのかな」とつぶやきました。そして、「私は、二〇歳そこそこで赤ん坊を産んで母親になった。しっかり子育てができなければ、母親として恥ずかしいと思っていた」と言いました。「私たちが結婚するとき、あなたのお母さんが一番激しく反対した。もし子育てがうまくいかなくて、それがめぐりめぐってあなたのお母さんの耳に入ったら、『それ見たことか、ろくに子育てもできん女が』と、どんな陰口を叩かれるかしれない。それは絶対に嫌だった。だから、あなたにははっきり言わなかったのかもしれないね」と言われました。

男と女は子育てを境にして、わかり合えない溝が深く大きくなるのではないかと思います。これがジェンダーです。お互いに悪意もなく愛し合っていて一生懸命だから、かえってタチが悪いです。

◎肝炎で四〇日間入院した妻　守穂

私たちは、結婚してもう三十数年のキャリアになります。自分たちのことを改めて振り返ってみますと、夫婦の関係はずいぶん変わってきたと思います。一時期、妻は専業主婦で、私は働いていて、本も書いて、それなりに有名になって、講演で全国各地に呼ばれて、という時期がありました。その時期は、私にとってはとても良かったですが、妻にとっては大変だったと思います。

実は妻は四〇日間入院する大病をしたことがあります。肝炎でした。自分の体も支えられないほどひどくて、病院に連れて行くと、車椅子に乗ったそのときから、看護師が首を支えなければならない状態でした。治療をしてもなかなか治らず、四〇日間ずっと四〇度くらいの熱が出て、マラリアみたいな症状でした。ビールみたいな真っ黒な尿も出ていました。なかなか治らないので、心配になって本で肝炎について調べてみると、劇症肝炎など恐ろしいことが書いてあり、果ては「肝膿瘍は死亡率六〇％」など、読むたびにだんだん暗くなります。

家族も大変でした。当時、一番下の子が三、四歳でした。一番下の子は最初の一晩「お母さんがいない」と泣いて、それで終わりでした。二番目の子は二日目か三日目あたりから「お母さんがいない」と泣き出して、それから四〇日間ずっと、夜、寝るときに泣いていました。中学一年生の子は成績が一気に落ちて、担任の先生から「何かあったんですか」と聞かれました。私自身はといえば、抱えていた仕事にまったく手が着かず、何もできませんでした。

入院前の妻が体の調子が悪くて大変だったとき、私はその前兆に気付きませんでした。妻が「大変だ、大変だ」、「つらい、つらい」と訴えているのを、「何を怠けているんだ」という感覚で受け止めていました。喧嘩《けんか》になったこともあります。その後、発病して初めて大慌てしました。

◎我慢してきたフタを開いた妻　守穂

時は二〇年飛んで、最近ですが、三番目の娘が近所に住んでいます。彼女はアメリカに留学していて一時帰国したときに妊娠していることがわかり、切迫流産でアメリカに戻れなくなったため、結局、私の家に同居して、二人目の子どもを出産しました。上の子は二〇〇八年の時点で三歳です。「魔の二歳児」という言葉をご存知でしょうか。二歳児は反抗期真っ盛りです。言うことなんて聞いてくれません。「ご飯、食べようね」と言えば、「要らない」。「保育園に行こうね」と言えば、「絶対行かない」。「じゃあ、絶対行っちゃだめだよ。今日は、おうちにいようね」と言えば、「行く！」です。ことごとく反対のことを言う、とても大変な時期です。〇歳のときは夜泣きに悩まされますが、まだいいです。二歳、三歳、四歳と、子育ての大変さの質がどんどん変わりながら苦労が増えていきます。

妻に「子育ては本当に大変だ。孫の保育園の送り迎えなども手伝ってやらないといけない」と言えば、妻は「親に少しは苦労させたほうがいいのよ」と言いました。『意外に冷たいなぁ』と思い、ある知り合いの女性に、「(妻は) 案外冷たい。孫が同居するようになってから、何となく夫婦の間に溝ができたような気がする」と言うと、その女性はにやにやと笑いながら、「広岡さん、それは違う、溝ができているんじゃないんだよ。今までフタを閉めてきていたけど、そのフタが開いてきているんだね。立美さんは我慢してきたことがあって、それが今になって噴き出してきてんじゃないの」と言いました。

私にはあまり実感がありませんでしたが、あるとき妻は、「あなたは、私が四〇日入院していた前後の半年から一年の間、本当に冷たかった」と、口に出しました。彼女が冷たいのは、娘に子育ての苦労をさせたいのではなく、私が妻のことをちっとも考えなかったことを、もう一度思い知ってもらいたいからだろうと思いました。

夫婦の間には、しばしばそういうことがあると思います。女の人は常に、「こんなことを言えば、相手は気分が悪くなるのではないか。気分が悪くなると、お互いの関係が損なわれ、気まずい雰囲気になる」と我慢しているのではないでしょうか。特に恋人や夫に対して、言いたいことを遠まわしに伝えているような気がします。しかし、男性は鈍い人が多いですから、直接言ってもらわないとわかりません。

女性センターなどでは「アサーティブネストレーニング（Assertiveness training）」と言って、自分が思っていることを、過不足なく相手に上手に伝えることができるようになる講座を開いています。このトレーニングは、女性だけではなく、男女問わず小さなうちからやっておかなくてはいけないことではないでしょうか。

◎男性は子育てに誤解を持っている　守穂×立美

守穂　早稲田大学を卒業し、アメリカの大学の大学院を経て難民高等弁務官事務所に入った、「第二の緒方貞子」と言われる女性がいます。彼女は北欧の男性と結婚して、子どもが生まれました。私と話をしたときに、彼女は「子どもが生まれて、つくづく、自分は日本人の女だと思った。自分では日本人離れしているとずっと思っていたが、やはり日本人だと思った」と言いました。彼女は子どもが生まれたとき、『子育てでは男は頼りにならないから、私がしっかりやらなければいけない』と思ったそうです。それで夫を頼らず何から何まで一人でやっていたら、あるとき、夫に、「僕も無能力じゃないんだから、きちんと信頼して、僕に任せてくれたっていいんだ」と言われて、目からうろこが落ちる思いがしたそうです。

立美 どうして、男性が子育てについて誤解を持っているのか。お手伝い感覚だからです。子育ては主に母親がしています。ですから、ほとんどの男性には、子どもの二四時間を自分一人で引き受ける体験がありません。一回でも体験しているか、していないかが、とても大きいです。だからこそ、男性も育児休業を取れるようになったのですから、最低二週間か三週間取るようにして実際に体験をすることが、今の日本の社会の中では一番大事なことだと思っています。そういう体験によって、考え方も自然と変わってきます。そうすれば、「広岡さんは無料で子どもを五人産んだけど、他の人は子育てにお金をいくら出せば産んでくれるかね？」などというトンチンカンな質問が男性から出てくることは、なくなると思います。

子育てはつらいばかりではありません。自分の思うようには絶対ならないけれど、喜びもあるし、そこから得られることがたくさんあります。しかし、今の日本の男性はその機会すら奪われていると思います。

守穂　女性のキャリア形成を考えると、一番大事なことをまだ話していません。三番目の子どもが生まれて、妻は専業主婦をしながら、いろいろなことにチャレンジしました。

最初は、計理士になろうとして、子どもを二人連れて経理学校に通いました。二〇代半ばのことでした。それから二、三年して、ある日「弁護士になりたい」と言ったこともありました。私の本棚から憲法や民法の本を取り出して、一生懸命法律の勉強を始めましたが、結局、長続きしませんでした。何かに取り組むが、どれも長続きしない。こうして彼女は少しずつ自信を失っていったのではないかと思います。

ある日、決定的なことがありました。妻が台所にラジオを置いて、ラジオ英語会話の勉強を始めたのです。「これからは国際化の時代だから、簡単な英会話くらいできないと恥をかく」という言い分です。私は思わず、「また三日坊主が始まった。でも、語学の三日坊主はいいね。英語だけじゃない。月・火・水と英語なら、木・金・土はドイツ語。来週はフランス語とイタリア語。再来週はロシア語とドイツ語。最後は中国語で『ニーハオ』とやれば、優に一カ月は、三日坊主の渡り鳥ができる。僕は明日、語学のテキストを全部買ってきてプレゼントしてあげるから、楽しみにしててね」と、からかってしまいました。その瞬間、彼女はぽろぽろと涙を流しました。それきり、一言も口を利いてくれませんでした。『しまった』と思いましたが、後悔先に立たずでした。

私は中高年の女性を対象に講演することが多いのですが、この話をすると必ず、泣き出す人があちこちに見受けられます。こういう経験をする女の人は、ずいぶん多いのでしょう。

◎自分育てを支え合う　守穂

夫婦には、仲直りのためのルールがあると思います。「テレビが始まるよ」とか、「お茶にしようよ」と話を振って、「はい」と答えてくれれば、それで仲直りできたりするものです。しかし、その夜、彼女は台所のテーブルの前にじっと座って、遅くまでぽろぽろ泣いていました。『しまった』と思いましたけれども、どうにもならなかったわけです。

その日が、私にとっては考え方ががらっと変わる決定的な日でした。あとになって『妻が僕を変えた日』という本を書きましたが、まさしくその日こそ「妻が僕を変えた日」でした。妻が泣いている後ろ姿を見ていて、ふと「自分育て」という言葉が浮かんできました。子育てに対比する意味で、「自分育て」です。これまで妻は「このままでは干からびてしまう」と言って、ときどき不満を爆発させてきた。それは子育てが大変だからというよりも、自分育てがままならないからだ。いつも一緒にいながら、夫でありながら、どうしてそのことに気が付かなかったのだろうか。妻が自分育てをしたいと感じているのなら、夫がバックアップしなければ、

いったい誰がバックアップするのかと思いました。

心理学に「自己実現」という言葉があります。子育てと対比して「自分育て」と言いましたが、それは「自己実現」といっても同じことです。二一世紀に生きる私たちは、皆それぞれ自己実現しようとして生きています。そして社会の中で、それを支えることが非常に重要になっています。

夫婦であれば、お互いがお互いの、自己実現を支えていくことが大事です。職場であれば、そこに勤める一人ひとりの従業員の自分育てにきめ細かな配慮をすることが大事です。だからこそ、「次世代育成支援対策推進法」という法律ができて、企業も従業員一人ひとりの生活に対して、ワーク・ライフ・バランスをきちんとやりなさいというように、変わってきたのだと思います。

何より政治が、そして行政が、そこに住む一人ひとりの市民に対してせめて公平に自己実現の機会を提供する。それが大事です。男女共同参画ということで言えば、「あなたは女だから、あなたは男だから」というだけの理由で門前払いをせず、一人ひとりの自分育てに対して公平なチャンスを提供するのが、男女共同参画の主旨だと思います。そして、それは、深い意味でデモクラシーの根本原理です。人間は、誰もが掛け替えのない一回だけの人生を歩んでいます。「男だから、女だから」というだけの理由で自分育てのチャンスを取り上げてしまってはいけないならば、それと同じように、「あなたには障がいがあるから」、「外国人だから」、「年を取りすぎたから」などの理由で自分育てのチャンスを取り上げてはいけないと思います。今の社会は、すべての人に、自己実現のためのチャンスを提供していかなければならないのではないでしょうか。

◎娘の生き方だけは守ってほしい　守穂

親と子の間でも、その人が選んでいく生き方をお互いに尊重していくことが、とても大事だと思います。長女は農業をやっています。少し変わった子です。山形大学の農学部を卒業して、そのまま山形で農業を始めました。大地に親しんで生きていきたい、命あるものと付き合っていきたいということで農業を始めたので、本当に驚きました。

農村社会はいまだに男尊女卑の傾向があるので、長女はときどき怒っていました。

それから数年たって、「お父さん、会ってもらいたい人がいる」と、厳かな声で電話がかかってきました。『来たか』と思いました。段取りをつけて会いました。会った相手は若い男でした。

私も身に覚えがありますが、彼は緊張して固まっています。お酒を飲んで、食事が始まって、少し打ち解けてきたら、彼が突然箸を置いて、「お父様！」と話を切り出しました。最初は『あんたにお父さんと言われる筋合いはない』と思いましたが、彼は「お嬢様と結婚を前提に付き合うことをお許しくださいませ」と、語尾が震えていました。その気持ちはよくわかります。『可愛いな』という感じさえしました

私は、「いや、君たちは立派な大人だ。親が結婚前提の付き合いを許すとか許さないとか、そんなことはないんだよ。ちゃんと付き合って納得のいく結論を出してくれれば、それでいい。私たち親は、それを受け入れるだけだ」と返しました。そして、ここでいいところを見せるために、「君は、娘が好きになった人だ。だから、私にとっても大事な人なんだよ」と格好つけて言いました。

とはいえ、一発ガツンとやりたい気持ちもあります。娘の父親は、誰もがそう思うでしょうね。玄関口でいよいよ靴を履いて帰るというときに、ふと思いついて、「あっ、君ちょっと待ってくれ。君に一つ頼みがある」と言いました。「何でしょうか?」と彼は緊張しています。私は言いました。「君たちが将来結婚することになったら、そのときは一つだけ頼みがある。私は君に娘を守ってほしいとは言わない。娘はご覧の通りだ。自分で自分を守って、生きていくことができる女性だ。そんなふうに育ったことを、私は心から誇りに思っている。だから、君に娘を守ってほしいとは言わない。だけど、娘の生き方だけは、ちゃんと守ってやってくれよ」と言いました。一世一代の台詞でした。彼は「はい、わかりました」とうなずきました。

◎ダウン症の孫を持って　守穂

一橋大学を卒業した息子夫婦のことですが、私にとっては自慢の息子夫婦です。二人が一生懸命お互いの道を歩んで支え合っているのを見るたびに、いい時代だとつくづく思います。息子は公務員で、息子の妻はＮＰＯ（非営利組織）で地域作りに関わる仕事をしています。

その息子夫婦に最初の子どもが生まれ、病院から写真を送ってきました。私たち夫婦にとっては初孫です。写真を見て、妻は、「もしかしたら、この子は障がいがあるかもしれない」と言いました。小さな、生まれたばかりの赤ちゃんなのに、よく気が付くなと思いましたが、

「障がいって何?」と聞いたら、「もしかしたらダウン症かもしれない」と言いました。

　皆さんは、ダウン症をご存じでしょうか。知的には、どうしても発達が遅れがちですが、性格的にはとても優しくて、「天使のようだ」と言われたりします。「健常な子に比べて、三倍、四倍、ゆっくり成長するんだよ」と、妻は言いました。そしてその次に妻の口から何事もないように出てきた言葉は、今でも忘れられません。「あのね、障がいがあるとかないとか、何にも関係ないでしょ。私たちにとっては、掛け替えのない孫だから、みんなで可愛がって育てていこうね」と言いました。

　意識というのは、不思議なものだと思います。そう言われた途端、ごく自然に『本当にそうなのだ』と感じました。掛け替えのない孫だから、可愛がっていければそれでいいと思いました。

　数日後、息子夫婦から電話がかかってきました。暗い声だったので、すぐにわかりました。「今日、医者に呼ばれて告知された」と言いました。ショックだったと思います。子どもが生まれたら、親は誰でも、『ああも育てたい、こうも育てたい』という思いでいっぱいです。それが障がいのある子で一回御破算になりますから、相当ショックだったと思います。

　私はとっさに、妻から数日前に聞いた言葉をそのまま繰り返していました。「そうかもしれない、という話をしていたばかりだ。だけど、大事な大事な子どもだ。みんなで可愛がっていこう。障がいがあるとか、障がいがないとか、そんなことは何も関係ない。みんなで可愛がっていこう」と言いました。そう言えて、良かったと思います。

障がい者に対して偏見のようなものを持っている人は、少なくないと思います。私にもあると思います。しかし、いや、だからこそ、「障がいがあるとかないとか、何も関係ない」とサラっと言ってのけることのできる女性と一緒になって、私は幸せだったと思います。

息子夫婦が頑張って生きていく姿を見ていると、何とも言えない気持ちです。

◎社会システムを作っていく人を尊敬すべき　立美×守穂

立美　私たち夫婦は同人雑誌を作ったことがあります。『家族とくらし』という、女性の自分育てを応援する雑誌です。年に四回、かなり無理をして発行しました。本作りは結構厳しいので、全部で二〇号で力尽きました。

しかし、本を作ったことは、私にとってとても大きな財産になりました。おかげでいろいろな人に出会いました。例えば、富山市で「このゆびとーまれ」というデイケアハウスを経営している惣万佳代子さんと、「高齢社会を良くする女たちの会」で知り合いました。

惣万佳代子さんは、看護師として老人病棟に勤務していたときに、「お年寄りは百人が百人、『自分の家に帰りたい』、『畳の上で死にたい』と訴える」ことに気が付いたそうです。それと同時に、お年寄りは小さい子が大好きだということにも気付きました。そこで彼女は、「お年寄りには在宅ケアが一番いい。日中家族が忙しいときにデイケアに来ていただき、夜は自宅に帰っていただく。しかも、お年寄りだけではなくて、子どもも一緒に来てもらうのがいい」と考えました。これは、官僚が机の上だけで考えていたら、思いつきません。現場で働いているからこそできる発想です。

その後、惣万佳代子さんは実際に富山市内にデイケアハウスを設立しました。それが「このゆびとーまれ」です。行政の担当者は当初、「行政の補助金のシステムに合わないようなやり方でされても、困ります」と言わんばかりの対応だったそうです。公務員には、目が頭のてっぺんに付いている人と、きちんと前を見ている人の二種類がいます。目が頭のてっぺんに付いていると、「国の仕組みはこうだから、それに合わないと困る」という発想になります。「お年寄り用のデイケアハウスを作るのなら、お年寄りだけを収容してください」という考え方になります。しかし、彼女はそういう四角四面な枠をはねのけてNPO法人を立ち上げ、お年寄りも小さな子も障がいを持っている人も、みんな一緒に世話をする施設を作りました。

「いつでも、誰でも」という「このゆびとーまれ」の理念に共鳴する人たちは、今では全国に広がっています。「多機能小規模地域共生型」という名で、日本全国に同様の施設が何百何カ所と設立されるようになりました。

守穂　「このゆびとーまれ」は、社会システムを作ったのだと思います。社会システムは、官僚や政治家だけが作るものではありません。誰かが「これがいい」と信じて仕事を始め、それが本当にいいものであれば、自然と全国的に広まっていきます。こうして新しい社会システムができていきます。そして見方を変えていえば、これこそが本当のデモクラシーだと思います。

『日経WOMAN』という働く女性向けのビジネス雑誌があります。その中に「ウーマン・オブ・ザ・イヤー」という表彰があります。二〇〇三年、その賞を、多機能小規模施設を作った「このゆびとーまれ」が受賞しました。惣万佳代子さんは、わざわざ編集部に電話をして、「何で私たちですか?」と聞いたそうです。なぜなら、これまで受賞した人たちは皆、年商何百億円という企業を育てた女性ばかりだったからです。そのとき、彼女の施設は、せいぜい年商八千万円でした。

その質問に対しての編集者の答えが格好いいです。「私たちは、『このゆびとーまれ』を単体で考えていません。お年寄りでも障がい者でも小さい子でも、いつでも誰でもお世話をするやり方は、今、日本全国に広がっています。全部を足したら、八千万円なんてものじゃないです。何百億円です。それだけの仕事を、あなた方は始められたのだと、私たちは思っています。だから、ウーマン・オブ・ザ・イヤーです」。

介護や子育てといった福祉の分野では、「このゆびとーまれ」のような施設を作って新しい仕組み作りに挑戦している女性たちが、次々と現れてきています。

私たちは、どこで、どんな会社で、どういう仕事をするにしても、社会システムを作っていくような人たちに、尊敬の気持ちを持っていないといけないと思います。そして、私たち自身がそのような存在を目指していかなければいけないと思います。

第六章

キャリア人生の理想と現実

丸川珠代
参議院議員

一九九三年東京大学経済学部卒業後、株式会社テレビ朝日入社。二〇〇七年参議院議員初当選（東京選挙区）。党女性局長、経済産業副部会長。厚生労働委員、少子高齢・共生社会調査会理事。

第一節　アナウンサー、丸川珠代

◎アナウンサーは自分自身が商品

私は、二年前まではテレビ朝日でアナウンサーをしていました。多分皆さんが小学校、中学校の頃に、『（ビート）たけしのTVタックル』という番組に出て「日本の景気を考える」というお笑いのようなことをしたり、深夜番組に出たり、夕方のニュースを担当したりしていました。ですから、顔を見て何となく「テレビで見たことがあるかな」という人もいるかもしれません。三六歳までの一四年間という、わりと長いことアナウンサーをやっていたわけです。

私が大学に入ったのは平成元年で、バブルが絶頂期の頃でした。ほとんどみんながアルバイトに行き、学校には人がいないという状況で、振り返ると、私自身も語学の勉強しかしなかった気がします。

政治家がどういう仕事をしているかは、後述とします。アナウンサーになりたいという夢を少しは持っている女性が多いと思いますので、「なぜアナウンサーになろうと思ったか」という話から始めます。

まず、「アナウンサーそのものになることは、そんなに狭い門か」と言われると、よくわかりません。一つのキー局に、男女合わせて約五〇人、大きい局は約六〇人のアナウンサーがいます。ですから、「キー局が五つあることを考えると、大体、二五〇人ぐらいか」と、話していました。NHKは多くて、全国に約百人のアナウンサーがいると思います。

アナウンサーの試験は、大体、就職活動期間の最初にあります。人気の高いフジテレビ（フジテレビジョン）の倍率は、三千倍になることもあります。キー局は、一千人から一人ぐらいの単位で選ぶ試験をやります。

世の中に、自分が生み出したもので評価される仕事と、自分自身が商品という仕事があるとするなら、アナウンサーは、自分自身が商品という仕事がメインです。ですから、「自分から出る声も見た目も、自分が発する言葉も、それ自身が商品だ」と評価をされます。

入社すると、「自分を商品としてどう育てますか」ということを、常に突き付けられます。アナウンサーとはそういう商売です。

◎「私って一緒に働いてみたいと思うような人だろうか」

私は、「テレビは、いろいろな価値観があることを伝える大事な道具」だから、テレビの仕事をしたい、という志望動機を言って就職をしました。テレビ局に入りたいという気持ちはありながらも、一方では、本当にテレビ局でいいかよくわからないまま試験を受けました。そうしたら、最初に内定が出ました。アナウンサー学校に行ったり、そのために発声・発音の練習をしたりしたこともありません。

もし受けるつもりがある人がいたら、今は多少そういう学校に行っておいたほうが、緊張しなくて済むかもしれません。昔はみんながのんきだったのでそんなことはやりませんでしたが、今はみんな行っていて、みんながあまりにも上手にできるので、多分、試験の場で気後れします。試験のときに自信を失うと、自分の良さをまったく発揮できません。試験のために何か準備をするのは、自分は何者かをよく知ることでもありますが、自分が自信を持って試験の場に行けるように準備をすることでもあるのです。限られた時間の中で、自分の良さをいかに発揮するかが勝負です。自分を実際以上により良く見せようと思っても、絶対に無理です。いかに緊張しないための準備を十分にしておくか。準備しなくても緊張しない人はあまり準備しなくてもいいですが、大体の人は、準備をしないと緊張します。自分が緊張しなくて済む、納得したというところまで準備をして、面接に望んでください。

採用の面接官を何回かやったことがあります。字が汚いと書類の段階ではねられますから、書類は絶対に気合いを入れて、丁寧に書いてください。

アナウンサーの試験は、その人が入ってきたときに、姿勢がいいか、笑顔かどうか、見ていて気持ちがいいかどうかで、ほとんど決まります。テレビに出ている人が元気がなくてうじうじしていたら、あまり見たくありませんよね。元気がよくて気持ちがいい人を見たいというのが、人の気持ちです。とても曖昧《あいまい》で難しいですが、その曖昧な基準が、テレビの世界では非常に大きなウエイトを占めています。皆さんは今まで、偏差値や点数、順位などの数字で評価されることが多かったと思います。しかし、テレビの世界に入ると、すべてが曖昧です。「あの子、感じがいいね」、「この番組なんかいいよね」、「じゃあ、それでいく?」という感じです。見ている側は、何か考えながら見ているわけではなく、くつろぎながら、何か作業をしながら、気を抜いて見ています。そういう気を抜いて見ている人に、抵抗なく受け入れられ、訴える番組を作るためには、作る側もそれに合わせて出演者を選んでいます。

私自身も受験戦争を経て企業に就職したので、この曖昧な評価にどう向き合っていいか、本当にわかりませんでした。今どき、数字で評価されない企業などないのではないかと思うかもしれません。しかし、よく考えてみると、テレビ局だけではありません。普通の企業に就職しても、最後は、その人と一緒にいて気持ちよく仕事ができるかどうかが評価されています。

ですから、就職活動の上でとても大切なことは、「この人と一緒に仕事をしたい」と思われるかどうかという点です。これから就職活動をする人は、自分のことを客観的に見たときに、「私って、僕って、一緒に働いてみたいと思うような人だろうか」と、よく考えてみてください。アナウンサーは皆、愛想が良くて、人当たりが良くて、代表的な言葉で言うと「うちのお嫁さん、お婿さんにしたい」、そういう人が結果的に選ばれている気がします。

そんな曖昧な基準ですが、現実には非常に大きなウエイトを占める基準ですので、どんなにいいコメントを言ったとしても、うじうじとして暗い人は採用されません。自分が生み出したものと、自分自身と、どちらが評価されるかというと、自分自身が先にくる商売がアナウンサーです。営業の仕事をやりたい人にとっても非常に大事な要素なので、ぜひ考えてください。

◎テレビ番組の作られ方

番組がどうやって作られるかは、テレビを見ていてもなかなか想像がつかないと思います。製作会社か局の社員のプロデューサー、ディレクターが、「こういう番組を作ったらどうだろう。数字（視聴率）を取れそうだから」、あるいは「僕の趣味や興味にかなう」と思って企画書を書いたり、「こういう番組を今度やらせてほしいのですが、どうでしょう」と、編成局のプロデューサーに直談判をしたりします。

テレビ欄を見ると、ニュースばかりの時間帯、ワイドショーばかりの時間帯があります。これはどうしてかというと、時間、あるいは曜日によって、見ている層が大体一定しているからです。父親は仕事に行きました。家には母親がいます。あるいは、母親も仕事に行くと、家にはおじいさん・おばあさんがいます。父親・母親とおじいさん・おばあさん、あるいは父親と母親が見たいと思う番組の種類は違います。母親たちは、午前中、事件などのニュースを見たいかもしれませんが、難しい話もさることながら、「今日のレシピ」をやっていれば、掃除の手が止まって「今日はあれとあれを買ってこよう」と考えるでしょう。夕方になると子どもたちが帰ってきますので、夕方から七時頃にはアニメを放送しています。

テレビ局は、どういう人が見ているかを考えながら番組を選んでいます。ですから、「〇〇時頃にこういう番組をやれば、このぐらいの数字が取れそうだ」ということを考えて企画書を出します。それが「予算的にも何とかなりそうだ、タレントも押さえられそうだ」という話になると、「ゴー」となり、予算が付きます。

タレントのスケジュールを押さえるのは、なかなか大変です。テレビ局の視聴率が高い場合は、テレビ番組を作るに当たって、先にタレントを押さえることが多いです。ドラマでは、メインキャストが視聴率が取れるかどうかを左右する場合が多いからです。「ジャニーズ（ジャニーズ事務所）の誰かが出ていると数字が取れる」、あるいは「脚本家の〇〇さんが書くと数字が取れる」ということになると、半年先、一年先のタレントや脚本家のスケジュールを押さえます。ですから、テレビ局によって出ている人が違います。ある局にばかり出ている芸人、あるいはタレントがいますので、よく見ると、そのテレビ局の戦略や資金力がわかります。

◎永遠にシューカツ

そういういろいろな要素の中に、アナウンサーはその一つとして組み込まれます。例えば、どこかの可愛い女の子を使いたいけれども、ちょっと高いから、できれば社員がいい。社員は、普通のお給料で番組に出ています。「この番組に出たからたくさんもらえる」というようなことはありません。長く働いても残業代が付くだけですので、会社にとっては、うまく投資をして育てれば、リターンの大きい人材です。そこで、私がテレビ局に入った平成五、六年頃から、各局が自ら、ちょっとしたタレントに替わる人材を育てるようになりました。

テレビ局は、コマーシャル収入と、それに付随する出版やイベントでお金を儲けています。東映や松竹と組んで映画を企画して収入を得ることもありますが、基本的にはスポンサーからの広告出稿料で成り立っているので、その予算の範囲内で出演者やスタッフの配置を考えます。

視聴率が高いと、その番組中に映るコマーシャルが多くの人に視聴されます。特に、視聴率が二〇%、三〇%も取れそうな番組は、テレビ局により多くのお金を払ってでもコマーシャルを打ちたいと、多くのスポンサーが競合します。実際の価格はブラックボックスになっている部分もありますが、基本的にはマーケットメカニズムで、競合が多ければ値段が上がります。

番組はこのように「枠」という発想から始まりますが、限りある予算でいかに番組の視聴率を上げるか、戦略の一つがアナウンサーです。他局との番組競合や予算といった要素の中でアナウンサーのキャリアがデザインされるので、他人任せでもあり、「時の流れに身を任せ」でもあります。

同じときに、自分とキャラクター（キャラ）が重なった誰かが同じ局にいると、競り合った結果、残ったほうだけが生きていきます。幸いにもそれが他の局だと、いい具合に相乗効果が現れます。おいしいラーメン屋が近所にある場合、どちらも客が増えるのと同じ理屈です。

ＮＨＫの夜九時からのニュースに、イケメンの若い男性リポーターが出ていました。堀潤さんという方で、夜一〇時からの『報道ステーション』のリポーターである富川悠太アナウンサーと、キャラがよく似ています。現場ではお互いに、「キャラがかぶっているよね」と話していたそうです。私が推察するに、ＮＨＫでは視聴率を分析して『富川悠太を見たくて報道ステーションにチャンネルを合わせる奥様方が一定数いるに違いない』と考え、キャラの似た若い男性を連れてきた。その結果競合が生まれ、番組の中でも互いに存在感を発揮する、いい例になったのだと思います。

ですから、アナウンサーという仕事をやっている間は、自分がどういうキャラクターかということに、常に向き合わなければいけません。永遠に就職活動をしているようなものです。自分は何者だ、自分の個性は何だ、自分の売りは何だ、しかも、絶対的なものはありません。誰かと比べてどうか、自分の局の中でどうか、他の局の人と比べてどうか。

自分がやりたいことも、人によって違います。「キャラクター」と「やりたいこと」とが自分の中でせめぎ合いながら、かつ、必ずしも「やりたいこと」ができるわけではない中で、どうやって自分の花を咲かせていくかを考え続ける仕事です。

◎それぞれのキャリア

テレビ画面に出ること以外で活躍するアナウンサーもいます。テレビ朝日には、『ドラえもん』の出来杉（英才）君の声を担当している女性アナウンサーがいます。この人は、「アナウンサーは、画面に出るばかりが仕事ではない。私は声で勝負するんだ」と自分の道を決めて、自分自身でトレーニングを積み、声を生かせる番組に、「何か自分ができる仕事はないか」とドアを叩いて、道を切り拓きました。努力の甲斐《かい》あって、『ドラえもん』の声優キャストが総替わりするときに、彼女は出来杉君というレギュラーキャラクターのポジションを勝ち取ったのです。

アナウンサーの仕事は、それこそドラえもんではありませんが、どこにでもドアがあると、私は思います。自分のキャリアで何とか道を拓きたいと思っていると、突然ドアが開くことがある仕事だと思います。

元TBSのアナウンサー、久米宏さんが一八年という長い間キャスターを務めておられた『ニュースステーション』というテレビ朝日の看板番組がありました。平日の夜一〇時にニュースを定着させた最初の番組です。始まった頃は「夜一〇時にニュースをやるなんておかしいんじゃないか。夜はドラマの時間だ」と馬鹿にされていましたが、今や当たり前のように、夜はニュースにチャンネルを合わせていただけるようになりました。

その久米さんの名アシスタントが、小宮悦子さんでした。小宮さんは久米さんの何人目かの相方として選ばれ、「ニュース読みのプロに徹します」と言って、黙々と務めていました。それがご自身の望んだ仕事かどうかはわかりませんが、久米さんの教えに従って声のトーンを下げ、テンポの速いメリハリの効いた読みを、とことん追求しておられました。小宮さんがアシスタントを務めた一三年間に、数多くの後輩が入社して番組に関わり、また、社外から加わった別のアシスタントが一緒にニュースを読んだこともありました。けれども、ニュース読みの技術と久米さんとの相性では彼女を上回る存在がないということを、小宮さんは身をもって示し続けたのです。そして、ちょうど自分のキャリアを積みきったというタイミングで、他の扉が開きました。新しく夕方のニュース番組のキャスターを代えることになり、メインキャスターとなったのです。

小宮さんの後継とも言うべき『報道ステーション』の名アシスタント、河野明子さんは、自らの選択で自らのキャリアに区切りをつけた人です。彼女は学生時代からラクロスをやっていて、入社後もしばらくは世界大会等の遠征に出ていました。新人研修の間は「スポーツ番組をやりたいです」と言っていましたが、彼女の思いとはまったく関係がないところで、仕事は決まっていきました。「河野明子は、さすが世界の土俵を踏んだだけあって落ち着いているな。ちょっと大舞台を任せてみよう」となり、『報道ステーション』への番組の衣替えとともに、古館伊知郎さんのアシスタントとなったのです。一躍スポットライトを浴びた彼女ですが、わずか五年後には野球選手との結婚を機に、その座を去りました。小宮さんが仕事にこだわり続けた姿とは対照的で、大胆な決断には驚かされましたが、つくづく思うのは、自分が決められるのは仕事の「終わり」だけだ、ということです。

はじめからやりたい仕事ができるのは、「極めて幸運なこと」、「まずあり得ない」と思っていたほうがいいのかもしれません。自分が望んでいなくても、与えられた仕事でベストを尽くすべきです。そこで手を抜けば、次の道は拓けません。どんなに恵まれたポジションにあっても、それぞれが悩み模索しながら目の前の仕事に懸命になることで、自分の開くべき新しい扉の前にたどり着いているのだと、私は思います。そして、どこまで頑張るかは、まさにその人に任されているのです。

◎ビートたけしに「芸人になんないかい?」と言われたことも

では、私自身はどういうことを考えて一四年間のアナウンサー人生を過ごしたかというと、入社してすぐに、まず、絶対にほかの人に代わりができない仕事をしようと思いました。これが一点目です。

二点目は、他流試合ができる人間になろうと思いました。自分の局の中だけで比較をして満足するのではなく、他局の人たちからも「あいつはやるな」と思ってもらえる仕事をしたいと思って取り組みました。

三点目は、アナウンサーという仕事は、確かに自分自身が商品ですが、自分が生み出したものでも評価される人になりたいと思いました。ここはそれぞれの価値観なのですが、私は「自分の中で何かを生み出してみたい」という気持ちが非常に強い人間なので、かなりこだわっていました。

私の知る限り、アナウンサーには、事件などで現場に出るのを嫌う人が少なくありません。単純に、画面に映る時間が短く、拘束時間が長いからです。少なからぬ先輩が、「女性アナウンサーは、画面の端に座ってニコッと笑って、あまりつらい仕事はしない」ものだと思っているようでしたが、私自身は『それはつまらない』、『最前線に行きたい』と思っていました。

もちろん、スタジオでも、楽しいときはあります。言葉のやり取りから思いがけない笑いが生まれたりすると、やはり嬉しいです。これはもしかすると関西出身者の心意気かもしれませんが、笑いが取れると、私は本当に嬉しいです。

この場には、お笑いの関係、例えば芸人になりたいと思っている人はいないかもしれません。私は、芸人になろうとは思いませんでしたが、『たけしのTVタックル』では、芸人さんたちに囲まれて、また、芸人さんの真似事のようなこともしていました。私が横に座らせていただいていたビートたけしさんという人は、「偉い」という意味ではなくて「すごい」という意味で、芸人の王様のような人だと思います。どんなに滑ってしまった笑いも拾います。少なからぬ芸人さんが、自分がピン（一人）で目立つことで頭がいっぱいに見えましたが、たけしさんは、どこからでも手が出てきて、滑りそうな笑いを拾ってくれる、という感じがします。まるで千手観音のように優しく温かい人です。

私は常々、『私が面白いから笑ってくれているのではなくて、たけしさんの拾い方が面白いから笑いになっているんだな』と感じていました。そして、笑いが滑ってたけしさんに助けていただくたびに、『芸人にはなるまい』と思っていました。

たけしさんはどういうわけか女性の名前を覚えない人なので、女性のことは誰でも「ねえちゃん」と呼びます。ある番組の忘年会で飲んでいるとき、一生忘れられない、お墓まで持っていきたい一言を、たけしさんに言われました。「ねえちゃん、芸人になんないかい？」という言葉です。芸人になる勇気も才能もなかった私ですが、この言葉は本当に嬉しかったです。すぐ親に電話して、「お母さん、聞いて。たけしさんに、『芸人にならへんか』と言われたわ！」と言うと、母は「あんた、ほんまになるん違うやろな」と、真面目に心配していました。

◎アナウンサーから芸人になった青木さやか

ところが、私がやっていた仕事を見ていたある人が、その後、芸人になって大ブレイクしました。青木さやかさんです。

青木さやかさんは、かつて、地方局でアナウンサーのようなことをしておられました。しかしながら、『自分が力を発揮できるのは、この仕事だろうか』と模索するうち、私が出ていた番組をたまたま見て『お、これでいける』と思い、芸人さんになることを目指し始めたそうです。その大胆な感覚には驚きましたが、しばらくは、売れない、厳しい時代が続いたと聞いています。私にしてみれば、たけしさんのおかげで笑いになっている芸風でしたが、青木さやかさんは、自分一人で笑いを生み出す自分の力を信じていたのだろうと思います。

私は一時期、テレビ朝日でお笑いのライブの司会を担当していました。ピン芸人さんだけを集めたライブがあって、青木さやかさんや長井秀和さん、劇団ひとりさんも参加していました。

みんな、売れる前の話です。それぞれが自分のスタイルを模索しながら懸命に笑いに打ち込む姿は、傍目《はため》には輝いていましたが、ご本人たちには大変な時代だったことでしょう。贅沢《ぜいたく》ができるほどのギャラはなく、ライブの打ち上げでは、居酒屋に行ってワイワイやるという感じでした。そうやって一緒に時間を過ごした芸人さんに、売れない時代を乗り越えて大ブレイクする姿を見せていただきました。

もちろんすべての人が花開くわけではありませんが、自分はだめだと思ったところがだめの始まりではないか、という思いがします。自分は大丈夫と思って頑張り続けること、いつかは花が開くと信じていなければいけないことを、芸人さんたちが教えてくれたような気がします。

◎「朝生!」を任されるまで

そういうわけで、芸人にはなりませんでしたが、私自身は「朝生!」をやりたいと思ってテレビ朝日に入りましたので、バラエティーやニュースをやりながらも、「朝生!」を「やらせてくれ」という希望を、ずっと出していました。

「朝生!」とは『朝まで生テレビ!』という番組で、今は毎月最後の金曜日の夜一時二五分から四時二五分まで放送しています。番組が始まった頃は、朝六時までの五時間生放送でした。田原総一朗さんの仕切りで、それぞれの道を極めた評論家や政治家、学者などを招いて、「こ

の先、日本はどういう道に進むべきか」や、「今、日本が直面する難局がある。これをどうやって切り抜けるべきか」といった大テーマで討論する番組です。

私は運が良かったのか、「自分が生み出すもの」にこだわっている私を見ていた「朝生！」のプロデューサーが、キャスターが代わるときに「おまえ、やってみる？」と声をかけてくださいました。夏休みで若者だけを集めたときにテストとして司会を務め、大丈夫ということになり、何カ月か後に進行を引き継ぐことになりました。二九歳でした。

つまり、入社して七年間は、本当にやりたいことではないことも、たくさん積み重ねてきたということです。七年前というと、皆さんが一二－一三歳だった頃です。その頃から七年間ずっと自分がやりたいことのために頑張るというのは、簡単には想像がつかないかもしれません。例えば、甲子園に行くためにリトルリーグの頃から頑張っていたという人ならわかるかもしれませんが、本当に強い意志が必要です。

皆さんは、これから社会に出ます。社会に出ると、七年や一〇年という単位は、あっという間に過ぎていきます。簡単に時間が過ぎてしまうので、やりたいことを言い続けていなければ自分でも忘れてしまうし、周囲にもその願いを忘れ去られてしまうのが、社会の現実です。本当にやりたいことをはっきりさせておかないと、やりたいことにはたどり着けません。今、自分の中でやりたいことがはっきりしていないとしたら、逆に、何でも受け入れてみてください。

私も最初はやりたいことができず、悔しい思いをしました。最初に就いたのは、報道番組のリポーターでした。私は、『東大卒だから、あえてミスマッチなバラエティー番組をやればキャラクターの幅が広がって面白い』と、ひそかに希望していたのです。ところが、「おまえ、現場に行ってこい」といきなり言われ、「松本サリン事件」や「地下鉄サリン事件」、「阪神・淡路大震災」という大変な現場にばかり行って、人の生死を目の当たりにすることとなりました。

当時の取材現場は、マスコミのクラッシュがすごかったです。今でこそ取材規制がきちんとしていますが、当時は約二〇キロもあるカメラが音を立ててぶつかり合う中で、自分の頭にも何度もぶつけられながら、マイクを突っ込まなければなりませんでした。ベテランの記者は割り込むすべを持っていますが、私は小柄なのではじき飛ばされる始末。情報を取れないと上司に怒鳴られますので、『何でこんなとんでもない仕事をしなければいけないの。こんなことをやるためにテレビ局に入ったのかな』と、はじめは思っていました。

しかしそのうち、『どうせやるなら、ここでしっかり評価されるように仕事をしよう。私しかできないことをここで見つけよう。ほかの局のリポーターからも、「あいつはいい取材をしているな」と言われるように頑張ろう。そして、自分が生み出したもの、自分が考えた言葉で話そう。（アナウンサーは原稿を書いてもらうのが普通ですが）私は自分で書こう。自分の言葉でリポートしよう』と思い直し、それをずっと貫くことにしました。

その積み重ねがあったおかげで、例えば「朝生！」のプロデューサーは、「あいつはそれなりに自分で考えてしゃべっているな」と見てくれていたと思うし、あるいは「あいつは番組がどうやってできているかも、ちょっとは考えているのかな」と評価されて、ニューヨーク勤務の機会も与えてもらえたのでしょう。

◎ニューヨーク特派員

私は、ニューヨーク特派員を一年一カ月務めました。アナウンサーという立場ではなく、特派員として行きました。

私が入社した頃、フジテレビやテレビ東京では、海外からの情報も顔の知られている人に担当させて、情報の「人への浸透度」を高めようという考え方で、アナウンサーを別枠で送り込んでいました。しかしテレビ朝日では、普通の支局員はいるものの、アナウンサーだけを別枠で送り込む制度はありませんでした。ところが、私が入社してしばらくたった頃、当時の社長がアナウンサー枠の創設を認めてくれたのです。ラッキーなめぐり合わせというほかはありません。皆さんが就職する会社にたまたまラッキーがあるかわかりませんが、なにしろ諦めないことが肝心です。

海外赴任の制度があるならば、会社は「それなりの投資をするからには、それなりの人材を送りたい」と思うはずです。海外で働かせるのは、たとえ社員一人でも、会社にとっては大変なことです。私が行ったニューヨークでは、月々の家賃が三〇万円でした。その家賃は、会社持ちです。私が行ってから三〇万円に限度額が落ちたもので、前年までは四〇万円でした。それ以外に、健康保険料も払い、給料も払い、渡航費も払い、全部会社が負担をするのです。それでも海外に人を送ろうと思うのは、その人材に投資すれば、あとで会社に仕事として返ってくると思うからです。ですから、皆さんの中で『会社に入ったら絶対に海外に行きたい』と思っている人がいるなら、自分が投資されるべき存在になっているか、いつも考えて準備をしてください。

◎採用するということ

このような発想は、就職試験を受けるときにも持っていたほうがいいでしょう。

人を採るということは、会社にとっては大変な投資です。研修のときからお給料が出ますが、仕事で返せるのはずっとあとです。会社は皆さんの社会保険料の半分を払ってくれます。私たちが社会保険料を月々二万円払っているとすると、会社はそれとほぼ同額を負担しなければいけません。皆さんの健康や老後に責任を持つのが、企業の責務なのです。

つまり、人を雇えば、小さい企業でも大きい企業でも、売上があってもなくても、それだけの費用が発生します。しかも、簡単には解雇ができません。けれども、実際に働いてもらうまでは能力も相性もわからないので、派遣社員を雇うわけです。ちなみに派遣社員も、今は六カ月以上の雇用見込みがある人は雇用保険に入ることになっています。以前は雇用見込み一年以上の人が対象でした。例えば二カ月、三カ月の派遣を毎回契約更新していれば、見込みがあるかないかは、わからないといえばわからないので、保険は払わなくてもよくなります。こうした抜け穴をふさぐセーフティーネットの強化が、私が取り組んでいる仕事の一つです。

とにかく、企業にとって人を雇うのは、固定的にお金が発生する、とても大きな決断です。従業員が一千人、二千人になれば事情も少し変わりますが、それでもできれば無駄なお金は使いたくないのは、当たり前のことです。だからこそ、「この人なら、我が社の投資に応えてくれる。絶対にあとで大活躍をしてくれるだろう」という判断をもって、慎重に採用するのです。

ですから、海外赴任を目指す人は、入社したら、その会社が何を求めているかを常に考えてください。その会社が求めていることに一番応えられるキャリアを積んでください。会社が今求めていることもさることながら、将来何を展開しようとしているかを見極めることも、とても大事です。その会社が海外展開はまだしていないけれどもこれから考えているというならば、即戦力になる準備をしてください。今のうちに、ビジネスの場で使える英語をしっかり勉強してください。そうすれば、海外派遣の制度が今現在はなくても、海外でのビジネス展開を始める時に、即戦力になれます。

自分がやりたいことをまずはっきりさせ、会社が何を求めているかをはっきりさせてください。その会社が求めていることに合っている人が、その会社と縁があって結び付くことになります。

私は、なぜテレビ朝日に入れたのか未だにわかりませんが、一四年間働いて、『ニュースステーション』で金曜日の担当を務め、『朝まで生テレビ！』という、テレビ朝日の大看板である番組もやらせてもらえました。

第二節　政治家、丸川珠代

◎政治家は、傷ついたのに誰も手当てをしてくれない人を助けるのが仕事

私は、最初から海外派遣を目指したわけではありません。また、政治家へのステップとしてテレビ朝日でキャリアを積んだわけでもありません。ただ結果的に、自分で思う自分の仕事のやり方を貫いてきたことが、向こうから何かが転がり込んできた理由だと思います。

私は政治家になる前に、「何でそんな斜陽産業に行くんだ」と言われました。どんどん政治資金の規制が厳しくなり、マスコミに叩かれてばかりで人気が落ち目の仕事に、なぜ行くのか？ということですが、私自身は、この仕事をやってよかったと思っています。

マスコミから政治を見ているときは、政治家はすべて自分たちのためだけに仕事をしている

のだろうと、勝手に思い込んでいました。ところが、入ってみたら、『よくこんなに自分のことをほったらかして、他の誰かのためばかりを考えているな』と思いました。

もう一つ、マスコミにいるときは、政治は何も解決できないと思っていましたが、実際には、答えがない問題に答えを出す最後の手段が、政治です。しかし、そのプロセスがあまりにも複雑で時間がかかるので、解決していないかのように見えるのです。

私は政治の世界に入って二年になります。つい最近取り組んだ仕事の一つに、注文住宅の前払い金の過払い、という問題があります。

アーバンエステートという注文住宅建築の会社が倒産して、「工事の出来高よりも多くのお金を払い、お金が返ってこない」という事件が起きました。この会社は、倒産前の数カ月、「前払い金を多く払えば工事費用を割引する」などと多額の前払い金を振り込ませ、工事を引き延ばし、結局倒産しました。その前に、会社のお金はほとんど、別の会社に移されていました。

今回のように、結果的にだまされてお金を払ったとか、マルチ商法で「絶対儲かる」と言われてお金を払い、気付いたら商品はまったくインチキで、お金は返ってこない、というような被害に遭った人は、弁護士を見つけるのも一苦労です。そもそもお金を払ってしまってお金がないし、だました会社はたいてい、責任者が海外に逃げたりお金を使ってしまっていたりなどして、裁判をしてもお金が戻らないことがほとんどです。それゆえ弁護士も弁護をやりたがらないし、警察の捜査もなかなか動きません。誰にも頼れず、最後に政治を頼ってきた人に対して、政治家は、弁護団を作るべく弁護士を見つけるところから手助けをします。

警察にとって、詐欺の立件は容易ではありません。相手に「だました」という意識があるかないかを証明しなくてはならないからです。仮に経営者はだました意識があっても、末端の従業員にその意識がなければ、いくら「これでお安くなります」、「戻ってきます」と割引でもって前払い金をたくさん払うように誘導したとしても、その人の罪は問えません。そこで警察は、そういう事件の報告や相談がたまるまで待ちます。しかしながら、そうして警察が待っている間にも、だまされる人が増え、被害は拡大します。ちょっとお金が入ってくる、ちょっといい思いができるという触れ込みに惑わされ、気付いたときには、被害者のお金はなくなっています。

私は、そういう被害が起きるのを防ぐために「消費者庁」という役所を新しく作る仕事を、同期議員と一緒に取り組んできました。そして、これまで法律の規制がなかった「隙間」で起きてしまった被害を救い、また再発を防ぐため、新しく法律を作る仕事を進めています。

リーマンショック後、世にはびこった貧困ビジネスの一つに、「追い出し屋」というのがあります。家賃の保証会社が「保証人代わりをしてあげますよ」と言って貸主から保証料を取り、借手がほんの一カ月程度でも滞納すると、無理やり鍵を換えて追い出してしまう、というような事件が多発しました。追い出された人たちは「住むことは生きる権利の一つだから、いくら何でも、いきなり追い出すのはひどいではないか」と言って闘っています（政権交代後にはなりましたが、規制する法律ができました）。

アーバンエステートは、「この住宅には完成品保証が付いています。しかも、保証にかけるお金は会社同士でやり取りしますから、あなたは一切お金を出す必要はありません」と言って、被害者を信用させせました。しかし、その保証会社は、とてもそんなお金を払う能力がなく、実際、会社間で保証料が支払われていなかった人もいるのです。

この「保証会社」という業には監督官庁がありません。つまり、縛る法律がないのです。縛る法律がないと何が起きるかというと、誰かが大変な被害に遭ったとしても、罪が問えません。そういうものに対応するのが、政治の大きな役割です。誰も助けてくれない、大きな被害に遭ったのに手当てをするすべがない、罪が問えない、という状況を解消し、新たな被害を防ぐ仕事、と聞いて『政治もまともなことをやっている』と皆さんに思っていただければありがたいです。

◎権力を取るということ

政治家になる前は、理想とする社会を実現するために、政策を議論し選び取るのが政治家の仕事だと思っていましたが、実際には、好んで政策の議論ばかりやっている政治家は、どちらかというと、権力を取ることにあまり積極的ではないタイプかもしれないことに気付きました。最終的には、本当にやりたいことを実現するためには、やはり権力は取らなければいけません。私が初めてそれを思ったのは、公務員制度改革の議論でした。公務員制度改革をめぐって若手議員がグループになって訴えていたのを、皆さんは報道で見たことがあるかもしれません。

公務員にはとても優秀な人が集まっているのに、どうしてこうなるのかと思うことがたくさんあります。それぞれの省のことだけを見ている、という縦割りに面食らうこともあります。保証会社の問題も、「監督官庁がないということを、どうやったら明らかにできますか」と聞いたら、「先生、それは国会の質問の場で、全省庁に質問してください。僕らは全員わかりません」という答えが返ってきました。

「自分の担当範囲だけを面倒見ていればいい」という役所の感覚は、国民の気持ちからは残念ながらかけ離れたものです。優秀で責任感が強いがゆえにそうなるのかもしれませんが、国全体を思う気持ちがなければ、新しい問題で、どこの省の範疇にもない、あるいはいくつかの省にまたがっている問題は、途端に解決できなくなります。何とかその思い込みを変え、国を思う官僚と一緒に仕事ができる仕組みを作りたい、と考えた公務員制度改革が、若手議員たちの案でした。

私も、縦割りの排除のため、あるいは内閣と一体となった官僚の動きを実現するためには、官僚トップの柔軟な人事制度が必要だと考えていましたが、同じ党の中でさえ、いろいろな考え方がありました。「自分にとっていいことをしてくれる官僚だけを抜擢できる仕組みにすれば、自分たちの利益が増えるようなことだけをやろうという政治家もいるかもしれない。だから、政治家が官僚の人事を決めるのは間違いだ」というのが、反対する人たちの主張です。

残念ながら、公務員制度改革を推進するチームにとっては肝心の部分の「人事制度の改革」が取り入れられませんでした。

自分が望んでいたポイントが実現しなかった悔しさといったら、昔の友達にまで電話をかけて、「聞いてくれる?」と訴えずにはいられないほどでした。自分が「絶対これしかない」と信じているものが実現しなかったときの悔しさは、正直言って、うまい表現が見当たりません。

私は、そのときに初めて、『ああ、そうか。だから、みんな権力を取りたいんだ。自分がこの国にどうしても必要だと信じていることを実行するために、権力を求めるんだ』と思いました。少なくとも、私にとって権力を取りにいくということは、この国にとって必要なことを実現するためにほかなりません。

◎私のキャリアデザイン

私は、公務員制度改革や、助けが必要な人に手を差し伸べること、この国の繁栄をどうやって維持するかなど、この国に必要だと思う仕事がやりたくて政治家をしています。そしてこれからの課題の一つとして、私たちの国が保障すべき最低限の生活とは何かということを考えています。

私が選挙のときは、年金記録問題で大騒ぎでした。せっかくきちんと保険料を払ってきたのに、記録が残っていないから年金がもらえない、払った分を受け取る前に亡くなってしまう。これはとんでもないことで、自民党が大敗したのは仕方がありません。しかし、誰がやったかというと、いい加減な仕事をしていた社会保険庁の職員です。

社会保険庁は、組合が非常に強く、数々の覚書が社会保険庁と組合との間で交わされました。例えば全国でオンライン化が導入されたときには、「キータッチは一人一日に五千タッチまで」という制限をして、「五〇分打ったら一五分休憩」、「一日最高三百分まで」というルールを、時にはさらに強化しながら営々と引き継いできたのです。

社会保険庁の問題が起きて、民間とかけ離れた公務員の働き方がもっと問題視されるかと思いましたが、それ以上に、年金の持続可能性を問う世論が高まりました。これから年金を払っていく人口と、年金を受け取る人口は、団塊の世代が年金を受け取る年齢になって一段と近づいている、つまり、それだけ負担と給付のバランスが厳しくなっている、ということは皆さんもご存じでしょう。

私の母も祖母も、年金で暮らしています。年金だけで暮らすというのは、決して安心できるものではありません。大病したら、寝たきりになったら、暮らしていけるのだろうか、という不安は常に付きまといます。私は、これから新しい挑戦をする世代のために、年金だけでも安心して暮らせる社会を作りたいと思っています。

今、国民年金は満額で月に六万六千円もらうことになっていますが、現実にもらっている人の額を平均すると、五万円強なのです。というのは、年金は二五年間払い続けなければいけないので、期間が欠けているともらえませんし、途中減免を受けた時期があると、その分年金額が減ります。そういうわけで、国民年金の平均値は少なくなっているのです。生活するには足りない額しかもらえない人にとって、年金は生活を保障するものではありません。

では、みんなから集めたお金を使って実現するべき生活はどのくらいか。実は、生活保護で暮らす人のほうが、年金で暮らす人よりも多くのお金をもらっている場合があります。そもそも成り立ちがまったく違うため、思想も算定方式も違うので、そういうことが起きてしまうのです。

生活保護は、例えば、「△歳の人は、このぐらいのご飯を食べなければいけません。一般的な世帯は、このぐらいの家具を使っています」というのをお金に置き換え、世帯の人数と年齢構成に当てはめて、「××円必要です。あなたは、今、△△円稼いでいるから、足りない分を援助しましょう」という考えで支給します。

年金、特に国民年金は、「昔、おじいさん、おばあさんは、定年などなく仕事をして、いよいよ稼ぐことがかなわなくなったら、家族で暮らして、家族で支え合っていました。しかし、そういう家族の支え合いがだんだん少なくなっているので、少しずつ支え合いのお金を出して、生活の手助けをしましょう」ということで始まったので、お小遣いに毛が生えた程度の金額でスタートしました。そして、その歴史をずっと背負っています。

では、私たちが老後を迎えたとき、年金は、何を保障するものであるべきでしょうか。生活保護との関係は、どうあるべきでしょうか。まさにそれは、これからの議論の中で、政治が結論を導いて制度として実現するべきものなのです。

税金や社会保障の制度は、どうして今の姿になったかというと、それが始まった歴史があって、時代が変わっても始まったときに背負ったものをそのまま帯びていることが少なくありません。母子加算（生活保護の人たちの中で、母子家庭だけに払っているお金）もそうです。

これから就職活動を迎える皆さんが、いきなり政治の世界に携わることはないかもしれませんが、ニュースを見ることは増えると思います。新聞をちゃんと読むようになると、当たり前のように使われているけれどもわからない言葉がたくさん出てくると思います。ぜひ、身近で何でも聞ける大人にたずねて、当たり前に使われている言葉の中身をよく確かめてください。言葉の含む歴史を知れば、不可解に見える現実の構図が見えてきます。議論の土台が何であるかもわかってきます。仕事の世界に入る前提として、そうした歴史の理解を問われているということを知っておくのも、就職活動を成功させる大切なポイントです。

政治家になってからのキャリアデザインは、私にとってはまったく未知です。明日のことがわからないのが、政治の世界です。ですから、目の前の課題を一つひとつ解決することが、今の私の役目だと思っています。

おわりに

木本喜美子

今、さまざまな女性がチャレンジを重ね、女性の生き方の幅を広げようとしています。本書が取り上げたのは、産業界および政界において、それぞれに道を拓いてきた方々のケーススタディであるといってよいでしょう。この方たちは大活躍をしておられる方々ではありますが、「成功者」とか「勝ち組」といった安易な束ね方をすることができない、実に個性的な歩みをとげてこられた方たちです。彼女たちがチャレンジャーたるゆえんは、女性進出の歴史が浅い分野に入りこみ、新たに道を拓こうとしているという点にあります。あとでも述べますが、残念ながら日本社会は、政治領域および労働領域における女性の活躍が依然として困難であるところに特徴があります。そうであるからこそ、彼女たちは果敢なチャレンジャーであるということができるのです。もちろん彼女たち以外にも、数多くのチャレンジャーが至る所におり、そうした人々を発見してケーススタディすることは、あとに続く人々に勇気と知恵を与えるものとなるでしょう。本書は、そうした点で少しでも貢献できればと編まれたものです。

最後に、なぜこうした女性チャレンジャーに関わるケーススタディが世に出されなければならないのかについて、考えてみたいと思います。それは先にも触れたように、政治領域と労働領域において女性の活躍が十分ではないという社会状況と関わっています。まぎれもなく先進国の一員である日本が、この方面において立ち遅れているという現実は、次に掲げるデータからも明らかです。

◎日本社会における女性のリアリティ

国連が毎年出している『人間開発報告書』(二〇〇六年版)から、まずは人間開発指数(Human Development Index▽HDI)を見ると、世界中の上位五〇カ国中、日本は七位をマークしています。この指標は、平均寿命がどのくらいなのか、一人当たりの国内総生産、成人識字率や就学率などを示すものであり、日本は先進国として相応に高い地位にあることがわかります。次いでジェンダー開発指数(Gender Development Index▽GDI)と呼ばれる指数は、上記の人間開発指数(平均寿命や就学率、識字率等)の男女格差がどの程度であるのかを示すものです。日本は一三位となり、人間開発指数と比べるとやや落ちるとはいうものの、やはり相対的には高いランキングを得ています。最後にジェンダーエンパワーメント指数(Gender Empowerment Measure▽

HDI，GDI，GEMの上位50カ国

① HDI（人間開発指数）			② GDI（ジェンダー開発指数）			③ GEM（ジェンダー・エンパワーメント指数）		
順位	国名	HDI値	順位	国名	GDI値	順位	国名	GEM値
1	ノルウェー	0.965	1	ノルウェー	0.962	1	ノルウェー	0.932
2	アイスランド	0.960	2	アイスランド	0.958	2	スウェーデン	0.883
3	オーストラリア	0.957	3	オーストラリア	0.956	3	アイスランド	0.866
4	アイルランド	0.956	4	アイルランド	0.951	4	デンマーク	0.861
5	スウェーデン	0.951	5	スウェーデン	0.949	5	ベルギー	0.855
6	カナダ	0.950	6	ルクセンブルグ	0.949	6	フィンランド	0.853
7	日本	0.949	7	カナダ	0.947	7	オランダ	0.844
8	米国	0.948	8	米国	0.946	8	オーストラリア	0.833
9	スイス	0.947	9	オランダ	0.945	9	ドイツ	0.816
10	オランダ	0.947	10	スイス	0.944	10	オーストリア	0.815
11	フィンランド	0.947	11	フィンランド	0.943	11	カナダ	0.810
12	ルクセンブルグ	0.945	12	ベルギー	0.943	12	米国	0.808
13	ベルギー	0.945	13	日本	0.942	13	ニュージーランド	0.797
14	オーストリア	0.944	14	フランス	0.940	14	スイス	0.797
15	デンマーク	0.943	15	デンマーク	0.940	15	スペイン	0.776
16	フランス	0.942	16	英国	0.938	16	英国	0.755
17	イタリア	0.940	17	オーストリア	0.937	17	アイルランド	0.753
18	英国	0.940	18	イタリア	0.934	18	シンガポール	0.707
19	スペイン	0.938	19	スペイン	0.933	19	アルゼンチン	0.697
20	ニュージーランド	0.936	20	ニュージーランド	0.932	20	ポルトガル	0.681
21	ドイツ	0.932	21	ドイツ	0.928	21	コスタリカ	0.675
22	香港（中国）	0.927	22	イスラエル	0.925	22	トリニダード・トバゴ	0.660
23	イスラエル	0.927	23	ギリシャ	0.917	23	イスラエル	0.656
24	ギリシャ	0.921	24	スロベニア	0.908	24	イタリア	0.653
25	シンガポール	0.916	25	韓国	0.905	25	リトアニア	0.635
26	韓国	0.912	26	ポルトガル	0.902	26	ナミビア	0.623
27	スロベニア	0.910	27	キプロス	0.900	27	ラトビア	0.621
28	ポルトガル	0.904	28	チェコ共和国	0.881	28	チェコ共和国	0.615
29	キプロス	0.903	29	マルタ	0.869	29	ギリシャ	0.614
30	チェコ共和国	0.885	30	ハンガリー	0.867	30	ポーランド	0.610
31	バルバドス	0.879	31	クウェート	0.864	31	エストニア	0.608
32	マルタ	0.875	32	アルゼンチン	0.859	32	スロベニア	0.603
33	クウェート	0.871	33	ポーランド	0.859	33	クロアチア	0.602
34	ブルネイ	0.871	34	エストニア	0.856	34	スロバキア	0.599
35	ハンガリー	0.869	35	リトアニア	0.856	35	メキシコ	0.597
36	アルゼンチン	0.863	36	スロバキア	0.853	36	タンザニア	0.597
37	ポーランド	0.862	37	チリ	0.850	37	ブルガリア	0.595
38	チリ	0.859	38	バーレーン	0.849	38	キプロス	0.584
39	バーレーン	0.859	39	ウルグアイ	0.847	39	ペルー	0.580
40	エストニア	0.858	40	クロアチア	0.844	40	パナマ	0.568
41	リトアニア	0.857	41	ラトビア	0.843	41	ハンガリー	0.560
42	スロバキア	0.856	42	コスタリカ	0.831	42	日本	0.557
43	ウルグアイ	0.851	43	アラブ首長国連邦	0.829	43	マケドニア	0.554
44	クロアチア	0.846	44	ブルガリア	0.814	44	モルドバ共和国	0.544
45	ラトビア	0.845	45	メキシコ	0.812	45	フィリピン	0.533
46	カタール	0.844	46	トンガ	0.809	46	ベネズエラ・ボリバル共和国	0.532
47	セーシェル共和国	0.842	47	パナマ	0.806	47	ホンジュラス共和国	0.530
48	コスタリカ	0.841	48	トリニダード・トバゴ	0.805	48	エルサルバドル共和国	0.529
49	アラブ首長国連邦	0.839	49	ルーマニア	0.804	49	エクアドル共和国	0.524
50	キューバ	0.826	50	ロシア	0.795	50	ウルグアイ	0.513

（備考）1．国連開発計画（UNDP）「人間開発報告書」（2006年版）より作成。
　　　　2．測定可能な国数は，HDIは177か国，GDIは136か国，GEMは75か国。

ＧＥＭ）は、女性管理職がどれくらいいるのか、女性の国会議員から地方自治体の議員に至るまで、全体のどの程度の構成比になるのかといった、労働市場や政治への女性の進出度を示すデータです。これはすなわち、政治・経済に関わるフォーマルな意思決定場面に、女性がどの程度参画しており、いかなる権限を行使し得る地位にあるのかを示す指標です。日本に関しては、この指標は大変悲しい数字になっています。日本は、なんと四二位。いわゆる先進国と呼ばれる国々に大きく引き離されて、最下位に位置しているのです。

つまり、一番目の人間開発指数と二番目のジェンダー開発指数は、日本が先進国であることに由来する優位性を示す結果となっています。しかしジェンダーエンパワーメント指数にあっては、先進国であるにもかかわらず、女性の公的世界での活躍が極めて立ち遅れていることを如実に物語るランキングになっているのです。この点をしっかり見据えておく必要があります。

もう一つ、女性の年齢別労働力率を見ておきたいと思います。基本的な形がローマ字のＭの形をしているのが日本の特徴です。このＭ字の底が作られるのは、結婚・出産年齢に当たる年代の女性が働くことから撤退することを示しています。これも、時系列的には少しずつ変形してきてはいますが、基本形としてのＭ字型が維持され続けて今日に至っています。では、他の国々ではどんな型を描いているのでしょうか。スウェーデンは、逆Ｕ字型です。この傾向は、米国でも見てとれます。こうした国々においてもかつてはＭ字型だったのですが、それが克服

女性の年齢階級別労働力人口比率の推移

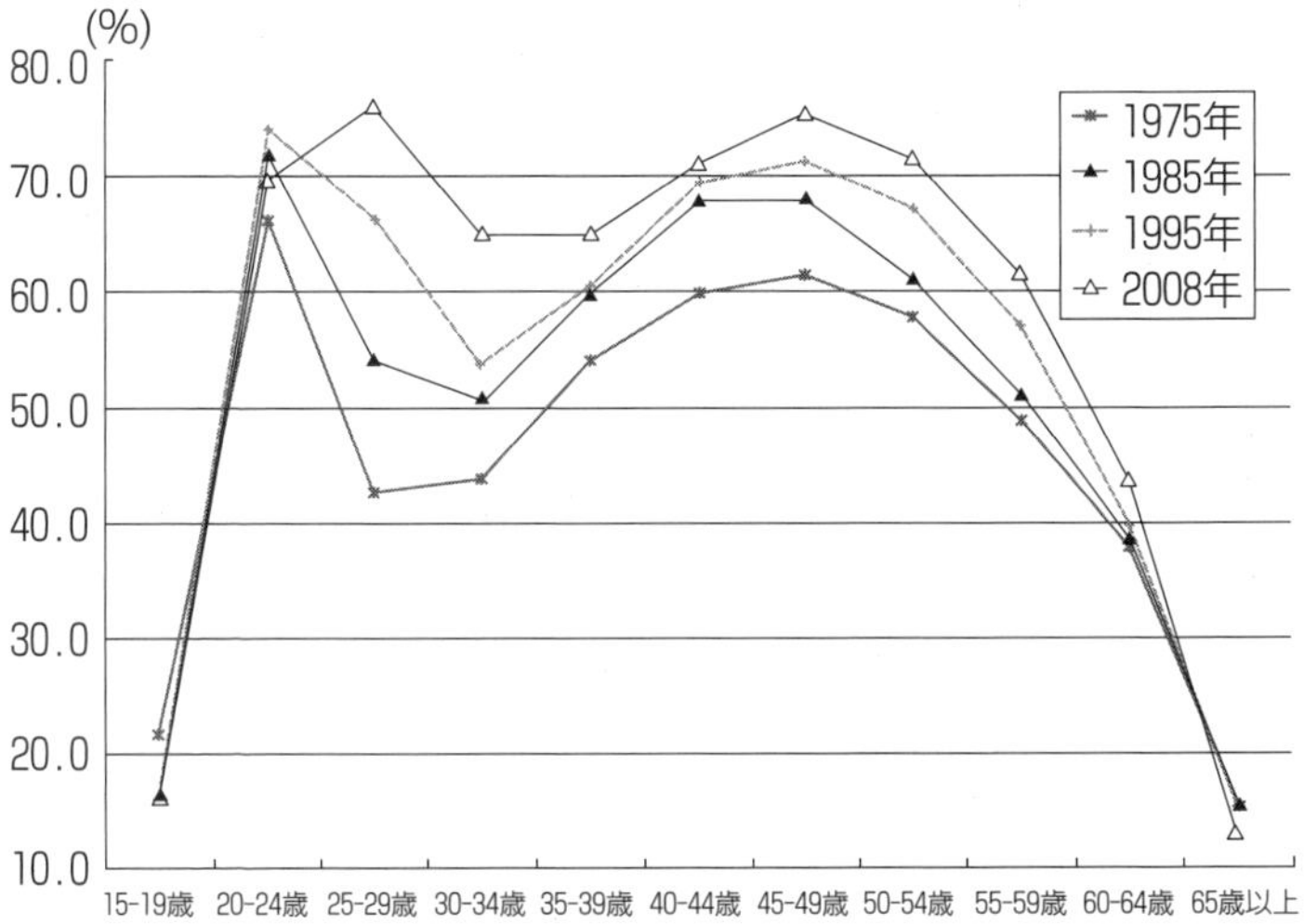

されてきているのです。英国では、一九九〇年にはM字型を脱しています。このM字型の解消過程には、さまざまな労働力政策や雇用平等法が関わっています。女性就労をバックアップしていく政策や法に導かれてM字型が克服され、もはや「子どもか仕事か」という二者択一は「古典的な命題」になったのです。しかし日本に関してはそうした政策や法による働きかけが弱く、M字型が基本的に維持されているのです。「古典的命題」が今もって生きているのが、私たちの日本社会の現実です。

そのため、女性管理職比率は依然として低いレベルにとどまっています。出産等でキャリアを中断せざるを得ない女性は、労働組織内で管理職にまで昇っていくルートに乗るチャンスを逸してしまうからです。二〇〇八年の女性管理職比率は、係長クラスで一二・七%、課長クラスで六・六%、部長クラスでは四・二%にとどまっています。「女性先進国」と言われる国々との大きな違いは、この点にあります（※二〇〇八年の先進国の数字）。労働組織の意志決定の担い手に女性がなり得ていないという現実があるのです。とはいうものの、一九九〇年と比べてみると、少しずつ変化の兆しが現れていることがわかります。一九九〇年の係長はわずかに五・六%でしたから、この二〇年間で二倍になっています。課長クラスは二・〇%、部長クラスは一・一%に過ぎなかったことを見れば、三倍から四倍に増大しているのです。勤続年数を伸ばし、従来の制約をはねのけて管理職に昇っていく女性チャレンジャーは、この二〇年間の間に着実に増えているのです。

政界進出についても、同様の事実を確認することができます。国会議員に占める女性比率は日本では九・四%（二〇〇五年）で、世界の中で一三一位となっています。世界で女性比率がトップを占めるのは、ルワンダ（四八・八%）、スウェーデン（四七・三%）ですから、実に大きな較差があることが明らかです。それでも、一九九〇年の日本でのそれが二・〇%であったことを考えれば、日本でもこの二〇年間に、この分野での女性チャレンジャーがやはり大きく増大しているということができるでしょう。

◎ジェンダー――二分法的な知への問い直し

以上のように日本社会が、女性が公的な世界で活躍する諸条件を十全に備えている社会ではないことは、認めざるを得ないといえましょう。まず私たちは、日本におけるこうした現実をしっかりと頭に入れておく必要があります。私たちが足を着けている社会のリアルな観察なくして、生き方を決定することはできません。立ちはだかっている壁に挑戦しようとするとき、壁自体の形状や材質を知らずしてよじ登ろうとするのは、あまりに無謀なことだからです。社会の客観的な仕組みを頭脳に刻みつけつつ、同時に、自分自身の望ましい生き方への想いを育み、現実的な折り合いをつけながら一歩一歩進んでいくこと。これこそが、堅実な歩み方だといえるのではないでしょうか。

その際、社会の仕組みを女性／男性というアングルから理解する上で、ジェンダーという視点が役に立つことを忘れてはなりません。生物学的な性差と社会的・文化的に作られた性差とを区別してとらえようとするジェンダーという視点は、一九六〇年代以降に生み出された比較的新しいものです。

これまでの歴史をながめてみると、長い間、男性と女性とが生活世界を棲み分けるという慣習が根づいてきました。男性が政治、経済、労働など「公の領域」（パブリックな生活世界）で大活躍をし、女性は家族生活を中心とする「私の領域」（プライベートな生活世界）の住人となるという形での、男女間の棲み分け構造が作られてきました。人々の一般的認識レベルにおいても、また学問界においても、こうした現実を映しだす形で、男性＝「公」／女性＝「私」という二分法的な知を当然の前提とする思考が、積み重ねられてきました。こうした知のあり方に疑問を付し、問い直す動きが、女性が主導する社会運動の中で、そしてアカデミックな世界にも登場してきたのは一九七〇年代のことでした。男性と女性とをいつも峻別してとらえてしまう思考の習慣自体を問い直し、世の中の現実的動きを見据えていくこと。そして男性／女性という因習的な束ね方でものごとを見るのではなく、一人ひとりの個性の発揮という観点を重視しつつとらえ直すにはどうしたらよいのかを問うこと。これが重要な思考実験として提起され、議論が重ねられてきました。ジェンダーの視点は、こうした営みの中で育まれてきました。特定のイメージで塗り固められた男らしさ／女らしさのステレオタイプを解きほぐし、「私らしさ」を取りもどすにはどうしたらよいのかをめぐって、多くの人々が、世界の至る所で過去四〇年間にわたって模索してきたのです。

こうしたジェンダーの視点は、リアリストの視点とロマンチストの視点とを合わせ持っています。リアリストとしては、社会の来し方・行く末を見通し、二分法的な知への囚われから自らを解き放ち、日本と世界の主要な趨勢を見定めようとします。また、ロマンチストとしては、男性／女性という囚われから抜け出して、個性を尊重し多様性を認め合うフレキシブルな未来社会を待ち望み、そうした個性と個性のつながり合いとしてのパートナーシップの実現に憧れを抱き続けます。そして、厳しい現実的諸条件を百も承知の上で、望ましい未来に一歩でも近づくために自分たちができることは何かと考えていくのです。

ジェンダーについて勉強する機会があれば、授業料を払ってでも学ぶ場を得ることをお勧めします。そして、リアリストとしての観点と、ロマンチストとしての観点とを、二つながらに身につけていただきたいと思います。社会の中で女性の置かれた状況の厳しさのみの知しか得られなかったとしたら、個人的努力の限界をあらかじめ想定して、勇ましくチャレンジなどはしないという生き方の選択になるかもしれません。その時代と社会が求める女らしさの枠の中に自らを押し込めて、息苦しくないのであれば、そうした生き方が、現実的な選択であるといえるかもしれません。息苦しさに耐えられない場合、あるいは自分らしくあろうとすることができない人生などつまらないとしか感じられない場合、個性を生かしきるために勇気をもって壁に挑戦するという生き方もあるでしょう。その場合、ジェンダーという知をツールとして用い、自己分析、他者分析、自身が足を着けている社会分析、人間関係分析をやってみれば、いくつかの壁の登り方を探り出すことができ、また自分にふさわしい登り方を見つけ出すことも可能となるでしょう。

◎厚い壁へのチャレンジの気運

私自身の社会観察によれば、日本においてもそうした気運が少しずつ広がっているように思います。私は企業で働く女性たちへのインタビュー調査に取り組んできましたので、全国のさまざまな方々に出会い、いろいろな職場の情報を得る機会に恵まれてきました。

一九九〇年代からすでに、いくつかの企業では、さまざまな分野への女性の新規登用に意をくだいてきています。例えばスーパーマーケットでの女性店長の登用などが、その典型です。トップマネジメントが将来の女性幹部層の育成をねらって、「女性店長作り」の旗振りをしてきた企業でした。そのもとで店長に登用された女性たちは、長らく店舗中心に順調に階段を昇ってきた人もいましたが、パートから正社員となって下積みのキャリアをこなしてきた人や店舗とは異なるオフィス部門で長らくキャリアを積んできた人など、さまざまなキャリアパターンを経て店長に抜擢されてきた人々でした。男性店長は「どうせお飾りだ」、「すぐにつぶれるさ」とささやいていましたが、彼女たちは男性一色の店長会議に参加してとまどいを感じつつも、知恵を総動員して店長職をやりくりし、またそれ自体を楽しんでもいる人々でした。経営トップの方針によっての「女性店長作り」でしたが、これに呼応し得る女性が企業内部におり、その力が発掘されたという点で、この企業は新しい財産を手にしたことになろうかと思います。

こうした企業が少しずつ出てきている点に、希望を持つことができるのではないかと思います。

また、ある食品スーパーでアンケート調査をさせていただいたところ、レジ部門の女性のストレス度が最も高いことが明らかになりました。この企業は、食品スーパーとして高度な仕事システムを作り上げている点で有名なところでしたが、女性はそうしたこの企業の優位性を体感できる部門には配置されていませんでした。彼女たちはもっぱらレジ部門のみに配属され、短期間で退職していくという特徴がありました。レジ部門といえば、顧客とじかに接するところであり、顧客からの苦情や現金精算上のトラブルに応じる部署であり、女性社員は、それ以外の部門でのキャリア展開を期待できない状況に置かれていました。

しばらく間を置いてこの企業を訪問した際、人事課長が私の書いた少々辛口の報告書を読んだと話しかけてくれました。私の報告書は、トップの命令で、経営幹部の必読文献になっていたのだそうです。この男性課長は、男性の働き手がレジ部門のストレスを知る必要があると考えるようになり、幹部候補者に対して、レジ部門での一定期間の研修を義務づける提案をしたとのことでした。女性が置かれた状態を、男性も知ろうとすること、そして幹部候補生の必須の体験にさせていくという着想に出会い、『すごい』と感じ入りました。そのような現実的な手だてを講じなければ、言葉の正しい意味での変革は起こらないということでしょう。

まったく別のスーパーマーケットでも、労働組合の方から、「レジ部門の女性が、商品部の男性の胸ぐらをつかんで抗議したことがある」との話を聞きました。ここでも、レジの機械の通りやすさをまったく配慮しないで商品への値付けの位置を決めてしまう商品部の男性のために、レジ前に長蛇の列ができてしまうことを、レジ部門の女性は何度も商品部の人に話してきていたのだというのです。それにもかかわらず、いっこうに改善の兆しが見えないことに怒ったあるレジ女性が、商品部男性の胸ぐらをつかんでの抗議行動をしたというわけです。

男性がマネジメントの中枢を握っている職場では、女性の立場、女性の声への注意が払われないことが少なくありません。こうした中、女性の上げた声、そして女性が常日頃いだいている問題意識がきちんと伝われば、現実的な改善の手だてを講ずることが可能になります。男性／女性という思い込みの発想のために、「女性は結婚・出産などに熱心であって職場に根づかない」という見方が定着し、彼女たちの声に耳を傾けようとせず、存在そのものを軽視しがちにさえなってしまう傾向があります。そのために、労働組織の真の問題点が見過ごされてしまうのです。

こうした点を考えるとき、職場の効率性という観点から考えてみても、ジェンダー・ステレオタイプから自由になって、働く仲間として「声を聴く」、「声を届ける」という関係を耕していくことは重要な課題です。個々の職場には、ジェンダーという視点を受け止めることがもたらす効用があるのではないでしょうか。女性だけでなく、男性にもジェンダー視点は必要です。

◎ジェンダー教育プログラム

私の大学では、二〇〇七年からジャンダー教育プログラム（GenEP）をスタートさせました。その動機は、日本社会を変えていくためには、ジェンダー視点をしっかり身につけた男女学生が巣立っていき、地に足を着けて現場を変えていくことが大切だと考えたからです。そのために、ある程度体系性をもった教育プログラムを安定した形で提供することが目指されたのです。その中でこのプログラムとともに新規で立ち上げた如水会（一橋大学同窓会）寄附講座「男女共同参画時代のキャリアデザイン」という科目は、本書の編者の一人である西山昭彦さんをコーディネーターとしての、魅力的な講師陣からなるオムニバス形式の授業であり、学生の人気科目として育ってきています。また、本書のもう一人の編者である広岡守穂さんは、初年度から毎回登壇している常連です。二年目からはパートナーの広岡立美さんとともに登壇しています。そして最後に、やはり編者の一人である私は、この授業の学内責任者です。本書は、この講義に登壇した方々の講義内容をベースにしています。

日本社会には、もっともっとチャレンジャーが出てきてほしいと思っています。そしてチャレンジャーの奮闘努力や試行錯誤から大いに学びたいと考え、本書が編まれました。多くの方々に読んでいただけることを願っています。また、私たちの教育実践を知っていただくため

に、次のホームページをご覧いただければと思います。http://gender.soc.hit-u.ac.jp/

（一橋大学大学院社会学研究科、ジェンダー社会科学研究センター代表）

貴女を輝かせるキャリアデザイン

2010年 7 月30日　初版第 1 刷発行

編著者 ―― 広岡守穂・木本喜美子・西山昭彦

発行者 ―― 玉造竹彦

発行所 ―― 中央大学出版部
東京都八王子市東中野742-1　〒192-0393
電話 042-674-2351　FAX 042-674-2354
http : //www2.chuo-u.ac.jp/up/

印刷・製本 ―― 藤原印刷株式会社

©Hirooka, Kimoto, Nishiyama, 2010 Printed in Japan
ISBN978-4-8057-5223-4

＊本書の無断複写は、著作権上での例外を除き禁じられています。
本書を複写される場合は、その都度当発行所の許諾を得てください。